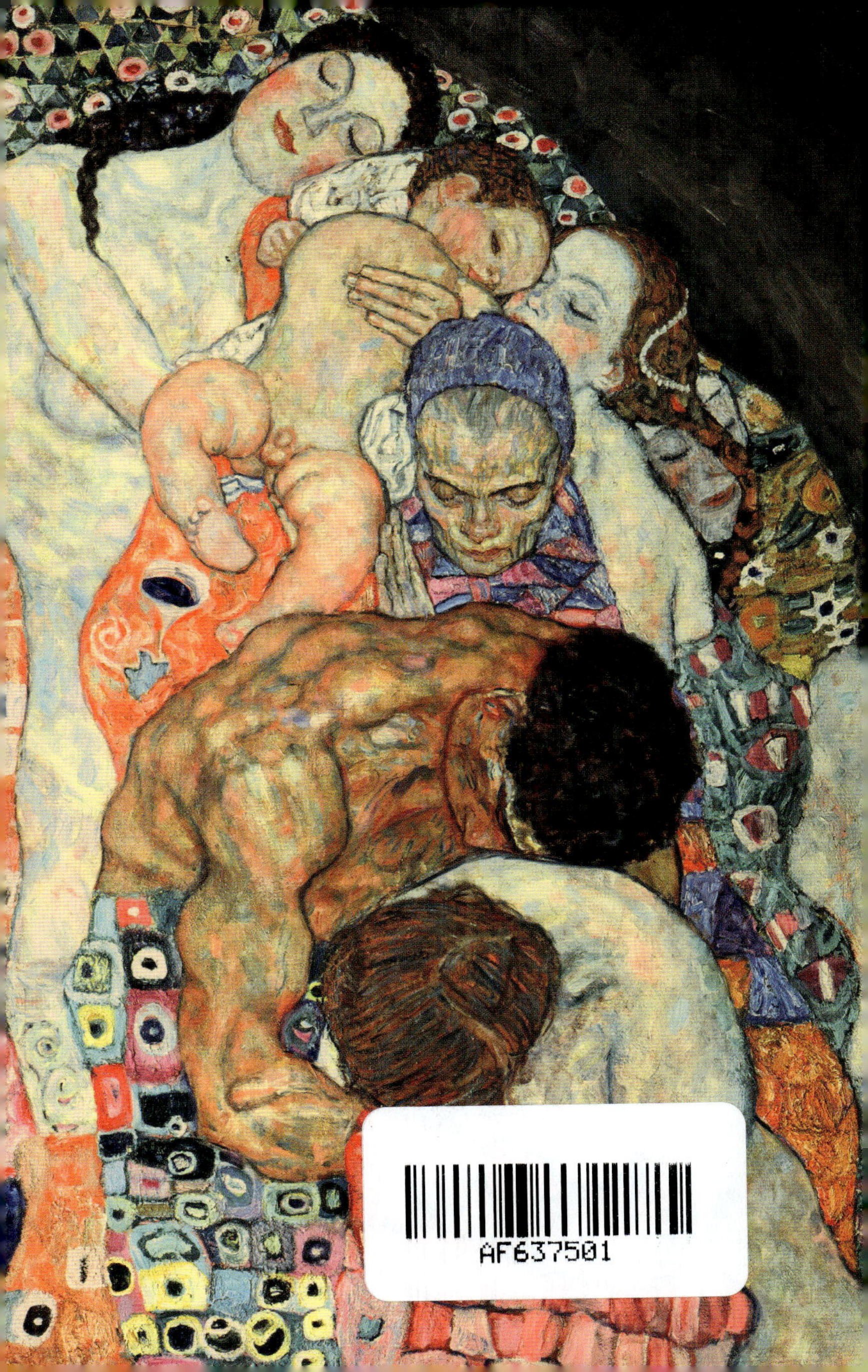

WIENAND[S] KLEINE REIHE
DER KÜNSTLERBIOGRAFIEN

WEITERE TITEL:

ALEXEJ JAWLENSKY
ERNST LUDWIG KIRCHNER
KÄTHE KOLLWITZ
WILHELM LEHMBRUCK
MAX LIEBERMANN
AUGUST MACKE
PAULA MODERSOHN-BECKER
GABRIELE MÜNTER
EGON SCHIELE
MAX SLEVOGT

Franz Smola

GUSTAV KLIMT

Wienand

Inhalt

Er ist untersetzt, eher dick, Athlet, [...], hat lustige, derbe naturburschenhafte Manieren, die braune Haut eines Seemanns, starke Backenknochen und flinke kleine Augen. Vielleicht um sein Gesicht länger zu machen, trägt er über den Schläfen das Haar etwas zu hoch. Das ist das einzige, das entfernt auf ein mit Kunst befaßtes Individuum deutet. Wenn er spricht, tönt es laut, und mit starkem Dialekt. Er neckt gern und kräftig.

Alfred Lichtwark über Gustav Klimt, 1924

Gustav Klimt und die Wiener Moderne

Gustav Klimts Name ist untrennbar mit seiner Geburtsstadt Wien verbunden. Klimt ist Wiener mit Leidenschaft, hier lebt er, hier schafft er seine heute weltberühmten Werke, hier wird er auch sterben. Auch als er bereits zu den führenden Protagonisten der Kunstwelt in Wien aufgestiegen ist, kehrt er nur selten der Stadt den Rücken. Wien, traditionsreiche Residenzstadt des österreichischen Kaiserreichs, aus dem 1867 die österreichisch-ungarische Doppelmonarchie hervorgegangen ist, ist in der zweiten Hälfte des 19. Jahrhunderts zur Weltstadt aufgestiegen und erfreut sich in den Jahren um 1900 seiner größten wirtschaftlichen und kulturellen Blütezeit. 1910 reiht sich die Metropole mit zwei Millionen Einwohnern unter die fünf größten Städte der Welt und bildet einen der zentralen Schauplätze der glanzvollen Kultur des Fin de Siècle, vergleichbar mit London, Paris, New York oder Madrid.

Graben mit Pestsäule und Leopoldsbrunnen, Wien, 1895

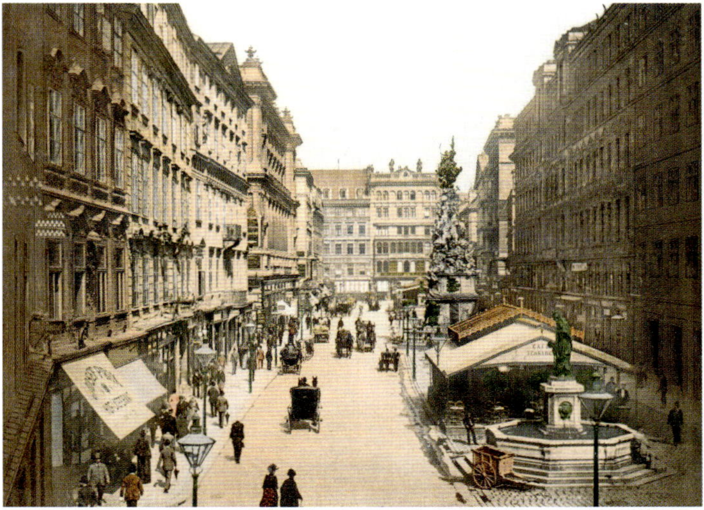

Doch die Belle Époque neigt sich ihrem Ende zu. Was folgt, ist eine Periode des radikalen sozialen, politischen und wirtschaftlichen Umbruchs, die durch die Ereignisse des Ersten Weltkriegs (1914–18), in dem Österreich-Ungarn gemeinsam mit dem Deutschen Reich gegen die Allianz der Westmächte Stellung bezieht, beschleunigt wird. Das Jahr 1918 bedeutet das Ende der Monarchie, Wien wechselt seine Rolle von der Residenzstadt des großen Habsburgerreichs zur Hauptstadt der neuen Republik Österreich. In keiner anderen Metropole liegen Euphorie und jäher Untergang so eng beieinander wie in Wien zwischen 1900 und 1918.

PIONIERE DER FRÜHEN MODERNE

Wiens herausragende urbane Kultur um 1900 bildet die Grundlage für das Entstehen einer frühen Moderne, die sich vor allem in den Bereichen der bildenden Kunst, des Designs, der Architektur, der Musik und Literatur manifestiert. Ihre Errungenschaften weisen an Originalität und Bedeutung weit in die Zukunft. Viele heute in der ganzen Welt vertraut klingende Namen von Kunstschaffenden stehen paradigmatisch für jene Pionierleistungen, die damals am gleichen Ort innerhalb weniger Jahre stattfinden.

Koloman Moser entwickelt gemeinsam mit der Wiener Werkstätte zwischen 1903 und 1909 einen Purismus des Designs, dessen Radikalität noch heute als atemberaubend empfunden wird. Otto Wagner gilt als einer der wichtigen Neuerer in der Architektur, er realisiert Großaufträge wie die Planung der Wiener Stadtbahn und schafft wegweisende Bauten wie die Österreichische Postsparkasse, in denen sich kühne Funktionalität mit raffinierter ästhetischer Wirkung verbindet. Josef

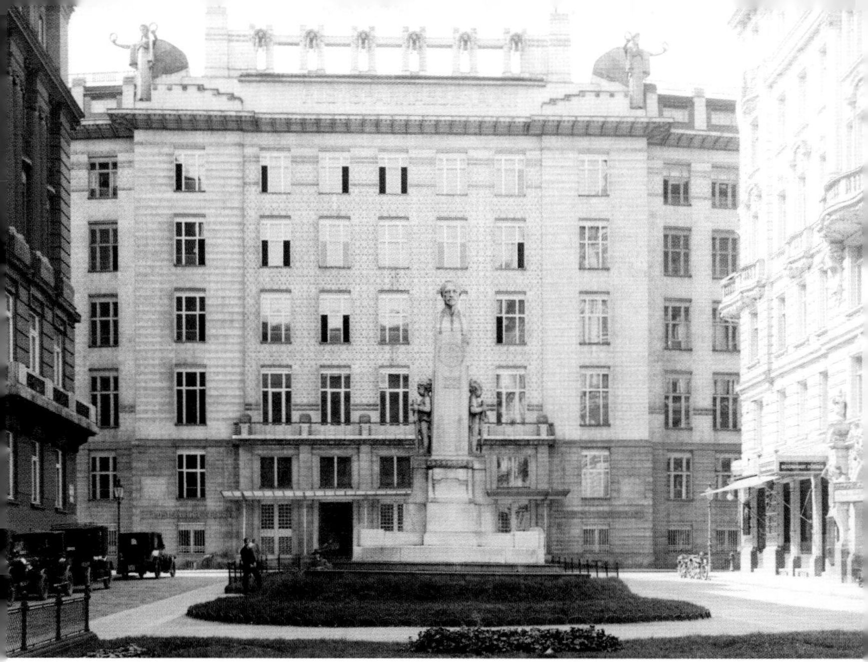

Otto Wagner, Postsparkasse, Wien, 1903–10, historische Außenansicht

Hoffmann ist der Architekt des Wiener Großbürgertums und entwirft mit dem Palais Stoclet in Brüssel eine Ikone des Wiener Jugendstils. Adolf Loos realisiert mit seinen betont schmucklosen, nüchternen Wohnbauten hingegen eine radikale Antithese zur Ästhetik des Jugendstils und entwickelt eine puristisch-funktionale Architektur. Ein ähnlich radikaler Bruch mit der Tradition ereignet sich zur selben Zeit auch auf dem Gebiet der Musik, als Arnold Schönberg, Anton Webern und Alban Berg mit dem Aufbrechen der Tonalität und der Entwicklung der Zwölftonmusik die Musikwelt revolutionieren und neue Maßstäbe für zahlreiche Musikgattungen setzen. Ähnlich wie bei Loos sind auch bei der sogenannten Zweiten Wiener Schule der Musik die Tragweite und die Folgen dieser Errungenschaften bis heute wirksam.

KLIMT ALS FÜHRENDER VERTRETER DES EUROPÄISCHEN JUGENDSTILS

Zweifellos zählt auch Gustav Klimt zu den führenden Protagonisten der Wiener Moderne um 1900. Seine Werke eröffnen damals einen wichtigen Teil des öffentlichen Diskurses innerhalb der österreichischen Kunstszene. Klimts Schaffen bildet mit seinem Reichtum an Innovationen einen Höhepunkt innerhalb der Malerei des europäischen Jugendstils und Symbolismus. Dies betrifft etwa Klimts Originalität, in seinen Porträts eine Kombination von Hyperrealismus und einer in die Abstraktion weisenden Ornamentik zu erzielen, oder sein Bestreben, in seinen Landschaftsdarstellungen die Verklärung und Ästhetisierung der Natur auf ein Höchstmaß voranzutreiben. Klimt scheut vor Tabubrüchen nicht zurück, um der menschlichen Physis ihre Fragilität vor Augen zu führen, etwa in den revolutionären Darstellungen von hochschwangeren Frauen, zugleich verbindet er in einer Vielzahl von Aktzeichnungen pikante erotische Stimmungen mit der Kühnheit expressiver Linienführung.

Sein Spätwerk behauptet sich auch gegenüber dem Wiener Frühexpressionismus, der sich in den Jahren vor dem Ersten Weltkrieg als neue Avantgardeströmung innerhalb der Wiener Malerei herausbildet und mit den jungen Künstlern Egon Schiele und Oskar Kokoschka einen ersten Höhepunkt findet.

Die frühen Werke

HERKUNFT UND AUSBILDUNG

Gustav Klimt stammt aus einfachen Verhältnissen. Er kommt am 14. Juli 1862 als zweites von sieben Kindern des Ehepaares Ernst Klimt (1834–1892) und seiner Frau Anna, geb. Finster (1836–1915), im damaligen Vorort von Wien, Baumgarten, zur Welt. Einige Jahrzehnte später wird dieser Vorort in das Wiener Stadtgebiet eingemeindet; Klimts heute nicht mehr bestehendes Geburtshaus befindet sich ehemals an der Adresse Linzer Straße 247 im 14. Wiener Gemeindebezirk. Klimts Vater, der mit acht Jahren mit seinen Eltern aus dem nordböhmischen Dragschitz im Leitmeritzer Kreis nach Wien gekommen ist, arbeitet als selbstständiger Goldgraveur, verliert während der Börsenkrise von 1873 jedoch seine Ersparnisse und muss zusehen, wie er die große Familie durchbringen kann. Anna Klimt ist in Wien geboren. Die acht Jahre Volks- und Bürgerschule, die der junge Klimt in der Folge besucht, entsprechen der damals üblichen Ausbildung des unteren Mittelstandes.

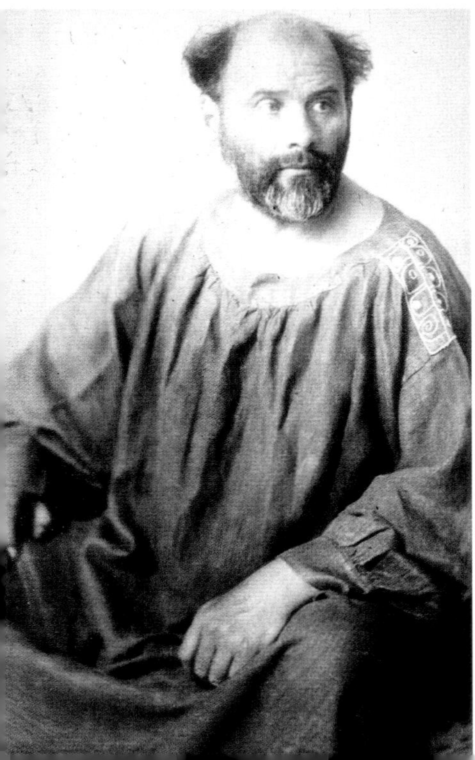

Josef Anton Trčka,
Gustav Klimt, 1914

Sein Jugendwerk geht in der gleißenden Dekorationsweise auf, der dem wirkungsvollen Blendwerk der Hasenauerschen Bauten den entsprechenden Rahmen bot.

Hans Tietze, in einem Nachruf auf Klimt, 1918

Schon früh zeigt sich, dass Gustav über ein außerordentliches künstlerisches Talent verfügt, und es gehört zu den großen Verdiensten von Klimts Eltern, dass sie trotz der finanziell angespannten Situation ihrem Sohn Gustav sowie zwei weiteren Söhnen, Ernst und Georg, eine Ausbildung an der renommierten Kunstgewerbeschule in Wien ermöglichen, die erst wenige Jahre zuvor ihren Betrieb aufgenommen hat. Vorgesehen ist zunächst eine dreijährige Ausbildung zum Zeichenlehrer für höhere Schulen, doch Gustav und Ernst absolvieren das Studium mit solcher Bravour, dass ihnen mithilfe eines staatlichen Stipendiums eine weitere, zweijährige Ausbildung im Fach Malerei gewährt wird. Bruder Georg wird sich auf die Herstellung kunstgewerblicher Metallarbeiten spezialisieren. Gustav und Ernst Klimt studieren hingegen zunächst Malerei bei Ferdinand Laufberger, dann, nachdem dieser überraschend stirbt, bei Julius Victor Berger. Laufberger und Berger zählen zu jenen Malern, die sich damals an den zahlreichen Aufträgen für die malerische Ausstattung der damals neu errichteten öffentlichen und privaten Bauten entlang der Wiener Ringstraße beteiligen. Sie unterweisen die Brüder Klimt in den technischen Fertigkeiten der Malkunst und vermitteln den jungen talentierten Studenten auch bereits erste Aufträge.

Mit dem Studium an der Kunstgewerbeschule hat sich Gustavs Bildungsgrad beträchtlich erweitert. Auch durch kontinuierliches Selbststudium eignet sich der junge Maler zusätzliches Wissen über Literatur und Kunst an. Zeitgenossen berichten, dass Klimt stets Dantes *Göttliche Komödie* und Goethes *Faust* bei sich eingesteckt habe und während des Malens oft Verse von Dante und Petrarca laut zitiere. Einen Hinweis auf Klimts Belesenheit liefern auch die Bücher mit Werken der europäischen und außereuropäischen Kunstgeschichte, die sich in seinem Nachlass teilweise bis heute erhalten haben.

GRÜNDUNG DER KÜNSTLER-COMPAGNIE UND ERSTE AUFTRÄGE

Die beiden auch unternehmerisch versierten Brüder Gustav und Ernst Klimt gründen noch während ihres Studiums gemeinsam mit dem Studienkollegen Franz Matsch 1879 eine Arbeits- und Ateliergemeinschaft, die sogenannte Künstler-Compagnie, die sich auf die Ausführung von Wand- und Deckenbildern spezialisiert. 1883 beziehen sie ein gemeinsames Atelier in der Sandwirthgasse 8 im sechsten Wiener Gemeindebezirk. Aufträge erhalten sie unter anderem vom Architektenbüro Fellner & Helmer, das in der gesamten Monarchie Theaterbauten errichtet und bei den Malerfreunden Theatervorhänge und Deckenbilder bestellt. So gestalten sie etwa die Deckenbilder des neu errichteten Theaters in der an der dalmatinischen Küste gelegenen Stadt Fiume (heute Rijeka, Kroatien) sowie Deckenbilder und Theatervorhänge für die Theater im böhmischen Karlsbad (heute Karlovy Vary, Tschechien) und Reichenberg (heute Liberec, Tschechien). Für Schloss Pelesch in Sinaia in Rumänien, die Residenz des rumänischen Königs Carol I., schaffen sie eine ganze Bildergalerie mit Porträts und Kopien nach Werken berühmter Maler.

DECKENBILDER FÜR DIE HERMESVILLA UND DAS WIENER BURGTHEATER SOWIE WANDBILDER IM KUNSTHISTORISCHEN MUSEUM

1885 erhalten die jungen Maler den Auftrag, Deckenbilder in der für Kaiserin Elisabeth errichteten Hermesvilla in Wien-Lainz zu malen und treten damit erstmals in die unmittelbare Nachfolge des Starmalers Hans Makart, der einen Teil der Ausstattung für die Hermesvilla noch konzipiert hat, aber vor der Ausführung verstirbt. 1886 erhält die Künstler-Compagnie den prominenten Auftrag, die großen Deckenbilder in den beiden Treppenhäusern des nach den Plänen von Gottfried Semper und Carl von Hasenauer neu erbauten Wiener Burgtheaters auszuführen. In diesen Deckenbildern widmen sich die Maler Darstellungen zur historischen Entwicklung des Theaters, wobei sie sich in der Gestaltung um einen erstaunlichen Detailrealismus bemühen. Das führt dazu, dass sie bestimmte Szenen auf Fotografien vorbereiten, in denen die Künstler und weitere Familienmitglieder in historischen Kostümen die Szenen lebensecht nachstellen. Ein solches Bemühen um Wirklichkeitstreue in der Darstellung historischer Themen ist in diesen Jahren in ganz Europa beliebt; vorbildhaft sind etwa die höchst populären Gemälde des niederländisch-britischen Malers Lawrence Alma-Tadema. Für die Deckenbilder des Burgtheaters erhalten die jungen Maler das goldene Verdienstkreuz – und von Kaiser Franz Josef höchstpersönlich höchste Anerkennung!

1890 erhält die Künstler-Compagnie den Auftrag für die Ausmalung der Interkolumnienbilder im Treppenhaus des Kunsthistorischen Museums. Mit den allegorischen Darstellungen zur historischen Entwicklung der Künste setzen sie erneut einen bereits von Makart begonnen Auftrag fort. Makart hatte

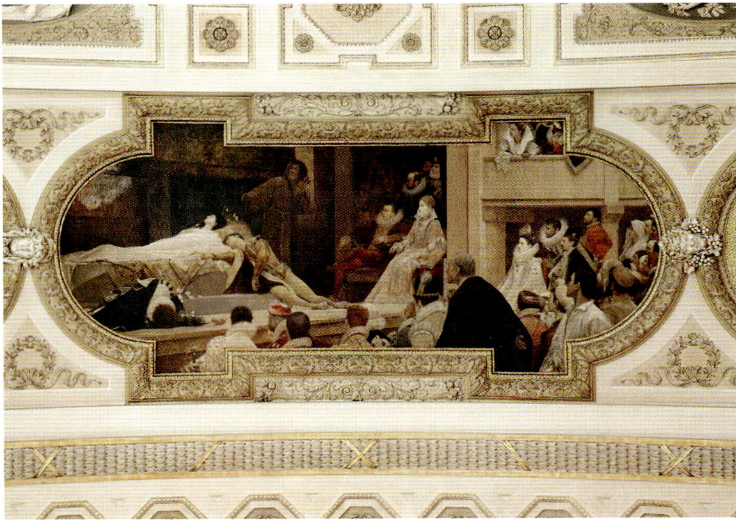

Das Globetheater Shakespeares. Deckenbild im Wiener Burgtheater, Südliches Stiegenhaus, 1886–88, Öl auf Marmorputz, ca. 280 × 600 cm

noch für einen Teil der Wände des Treppenhauses allegorische Wandbilder zur Vollendung gebracht. Den Auftrag für die spektakulärste Fläche im Treppenhaus, nämlich die Gestaltung des riesigen Deckenbildes, erhält allerdings der ungarische, in Paris lebende Maler Mihály von Munkácsy.

ENDE DER KÜNSTLER-COMPAGNIE

Ernst Klimt heiratet im Oktober 1891 Helene Flöge. Im selben Jahr wird Gustav Klimt Mitglied in der Genossenschaft der bildenden Künstler Wiens (Künstlerhaus), der damals wichtigsten Künstlervereinigung in Wien. 1892 übersiedelt die Künstler-Compagnie in ein Atelier in der Josefstädter Straße 21 im achten Wiener Gemeindebezirk. Der erfolgreiche Betrieb der Künstler-Compagnie erhält jedoch einen schweren Schlag, als Gustavs Bruder Ernst unerwartet im Jahr 1892 stirbt. Zugleich verstirbt im gleichen Jahr Klimts Vater. Die Künstler-Compagnie löst sich auf, Klimt stürzt in eine regelrechte Schaffenskrise.

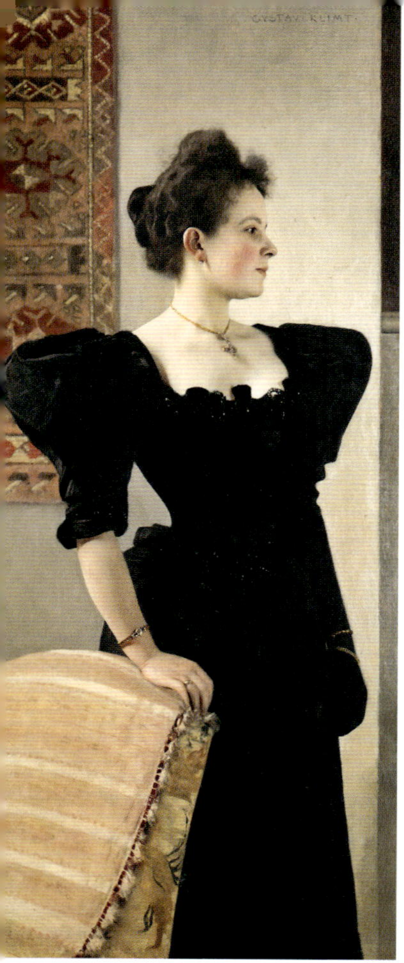

Frauenbildnis, um 1894,
Öl auf Leinwand, 168 × 84 cm

Matsch zieht aus dem gemeinsamen Atelier in der Josefstädter Straße aus, Klimt arbeitet fortan allein dort. 1894 zieht Gustav Klimt mit seiner Mutter, Bruder Georg und seinen beiden unverheiratet gebliebenen Schwestern Klara und Hermine in eine Wohnung in der Westbahnstraße 36 im siebten Wiener Gemeindebezirk. In diesem Familienverband, der nur durch die Eheschließung des Bruders und den Tod der Mutter 1917 eine Veränderung erfährt, wird Klimt bis zu seinem Lebensende bleiben.

FRÜHE PORTRÄTAUFTRÄGE

Der erstaunliche Realismus, den Klimt in der Gestaltung der Wand- und Deckenbilder praktiziert, charakterisiert auch die ersten Porträtaufträge, die er in diesen Jahren ausführt. Das großformatige *Frauenbildnis*, das der junge Maler um 1894 schafft, zählt sicherlich zu den bedeutendsten Beispielen von Klimts frühen Porträts. Trotz des annähernd lebensgroßen Formats hat Klimt in diesem Bild jedes Detail mit geradezu miniaturhafter Perfektion ausgeführt. Es demonstriert auf eindrucksvolle Weise, auf welchem hohen handwerklichen Niveau sich die Malkenntnisse des jungen Künstlers befinden.

Die Fakultätsbilder

DER AUFTRAG FÜR DIE FAKULTÄTSBILDER

1894 erhalten Klimt und Matsch vom Unterrichtsministerium den Auftrag, für die Decke des großen Festsaales der Wiener Universität monumentale Allegorien zu malen. Vorgesehen sind fünf große Gemälde, nämlich neben einem zentralen Mittelbild die Darstellungen der vier an der Wiener Universität angesiedelten Fakultäten sowie Zwickelbilder an den seitlichen Wänden. Die beiden Künstler teilen sich den Auftrag auf: Matsch malt das große Mittelbild und das Fakultätsbild der *Religion*, Klimt widmet sich den Fakultätsdarstellungen *Die Philosophie*, *Die Medizin* und *Die Jurisprudenz*. Aus nicht näher bekannten Gründen beginnt Klimt erst 1898 mit der Arbeit an den jeweils über vier Meter hohen Gemälden. Aufgrund ihrer Größe mietet er für die Ausführung der Bilder sogar ein eigenes Dachatelier an.

Ich greife zur Selbsthilfe. Ich will loskommen. Ich will aus allen diesen unerquicklichen, meine Arbeit aufhaltenden Lächerlichkeiten zur Freiheit zurück. Ich lehne jede staatliche Hilfe ab, ich verzichte auf alles.

Gustav Klimt im Gespräch mit Berta Zuckerkandl, 1905

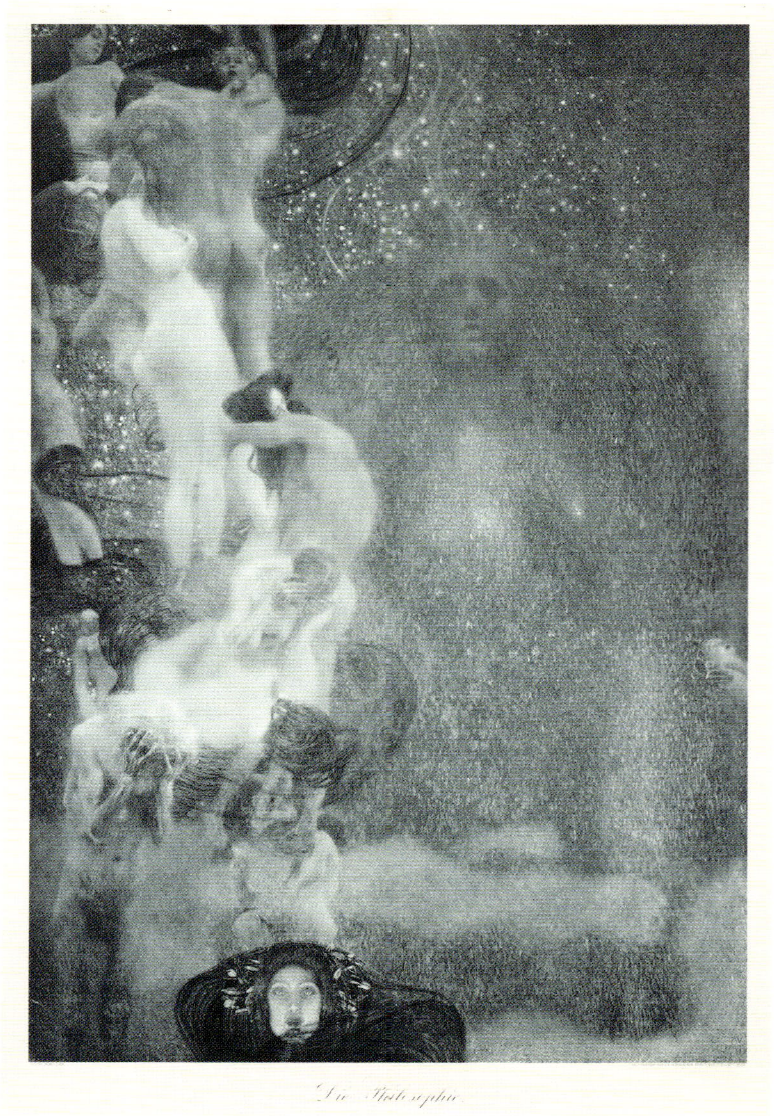

Die Philosophie, Fakultätsbild für die Universität Wien, 1900–07, Öl auf Leinwand, 430 × 300 cm, Mai 1945 auf Schloss Immendorf, Niederösterreich, verbrannt, 1901/04, Heliogravüre, Blattmaße: 88,8 × 60,7 cm

SKANDAL UM DIE FAKULTÄTSBILDER

Als erstes der Fakultätsbilder wird das Gemälde *Die Philosophie* im Jahr 1900 auf der 7. Secessionsausstellung öffentlich präsentiert. Das Bild ruft bei Publikum und Presse allgemeine Empörung hervor, bringt aber zugleich einen Besucheransturm auf die Ausstellung mit sich. Auch zahlreiche Professoren der Wiener Universität, für deren Festsaal das Bild bestimmt ist, lehnen das Werk vehement ab. Für sie hat Klimts Darstellung nichts mit dem für sie so hehren Begriff der Philosophie gemein. Eine Meldung der Montags Zeitung vom 19. März 1900 bringt dies auf den Punkt: „Wenn wir auch gerne zugeben wollen, daß Derjenige, welcher die verschiedenen Systeme auch nur der deutschen Philosophie gründlich studiert, in einen Zustand gelinden Wahnsinnes gerathen muß, hat doch nichts Herrn Klimt gezwungen, uns nun auch einen gemalten Wahnsinn zu versetzen [...]." Kurze Zeit später wird Klimts Gemälde zur Pariser Weltausstellung 1900 geschickt, wo es – anders als in Wien – große Anerkennung erzielt und sogar mit einem Preis ausgezeichnet wird. Einen noch größeren Skandal verursacht die Präsentation des Fakultätsbilds *Die Medizin,* die auf der 10. Secessionsausstellung 1901 erfolgt. Neben der neuerlichen Empörung der Presse und der Professoren ruft der Skandal nun auch Politiker auf den Plan. Vertreter der konservativen Parteien, einschließlich des Wiener Bürgermeisters Karl Lueger, reichen eine parlamentarische Anfrage an den Unterrichtsminister ein. Zudem wird die Staatsanwaltschaft eingeschaltet, welche die Hefte der sechsten Nummer der Secessionszeitschrift *Ver Sacrum* mit der Begründung konfisziert, dass die darin veröffentlichten Skizzen zur *Medizin* die öffentliche Sittlichkeit gefährdeten. Das zweitinstanzliche Landesgericht hebt allerdings kurz darauf die Konfiskation wieder auf.

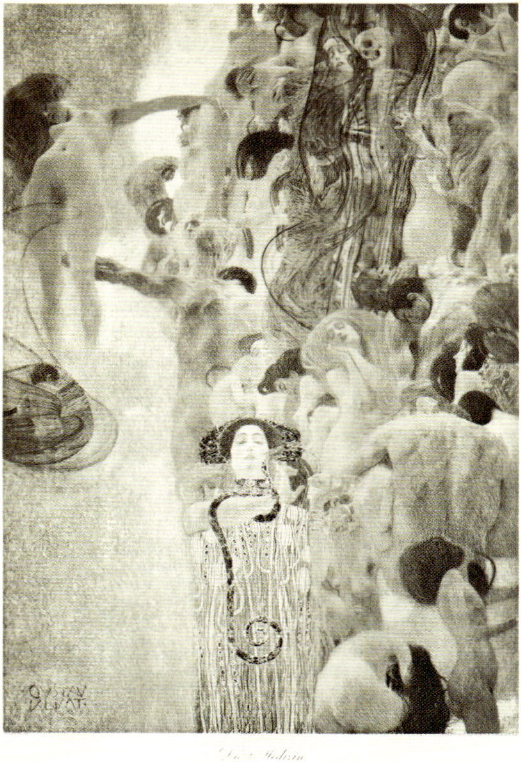

Die Medizin. Fakultätsbild für die Universität Wien, 1900–07, Öl auf Leinwand, 430 × 300 cm, Mai 1945 auf Schloss Immendorf, Niederösterreich, verbrannt, 1901/04, Heliogravüre, Blattmaße: 88,6 × 61,2 cm

Doch warum stoßen die Fakultätsbilder auf eine solche Ablehnung? Ein Hauptgrund besteht in der Weigerung Klimts, seine Allegorien in den Dienst einer von ihm erwarteten affirmativen und idealisierenden Interpretation der Wissenschaften zu stellen. Die endlos wirkenden Menschenströme in den Fakultätsbildern veranschaulichen das Ausgesetztsein der Menschen in einer unkontrollierbar erscheinenden Welt und interpretieren die Menschheit als willenloses Werkzeug dunkler Mächte. Zudem zeigt Klimt nackte Menschengestalten in provokanter Offenheit und schreckt sogar vor Darstellungen greiser Menschen oder hochschwangerer Frauen nicht zurück.

Er thematisiert Erotik und Sexualität in einer Deutlichkeit, wie dies in Wien bislang niemand gewagt hat. Zudem entwickelt Klimt in diesen Bildern eine neuartige, für das Wiener Publikum ungewohnte künstlerische Sprache, die sich am französischen und belgischen **Symbolismus*** orientiert, etwa an Fernand Khnopff, dessen Werke damals wiederholt auch in Wien zu sehen sind. Mit diesen aufsehenerregenden Fakultätsbildern verschafft sich Klimt einen herausragenden Platz innerhalb des europäischen Symbolismus.

DAS SCHICKSAL DER FAKULTÄTSBILDER

Neben all der Polemik und Aufregung, die bereits die Entstehung der Fakultätsbilder begleiten, steht auch ihr weiteres Schicksal unter keinem guten Stern. Nachdem die Vertreter der Universität Klimts Bilder als zu modern abgelehnt haben, möchte das Ministerium als Auftraggeber die Werke der neu gegründeten staatlichen Modernen Galerie übereignen. Doch lehnt Klimt diesen Plan ab. Er ist bereit, den Auftrag rückgängig zu machen und die Bilder durch die Bezahlung einer enorm hohen Summe freizukaufen. Klimt gelingt dies, indem sein Mäzen August Lederer, ein österreichischer Industrieller, eines der Bilder erwirbt. Zwischen 1910 und 1912 kauft sein Künstlerkollege Koloman Moser die beiden anderen Bilder. Kurz nach Klimts Tod verkauft die Familie Moser ihre beiden Werke: Eines gelangt gleichfalls in den Besitz von August Lederer, das andere erwirbt die Österreichische Galerie mit finanzieller Hilfe großzügiger Mäzene. Alle drei Werke werden während des Zweiten Weltkriegs aus Sicherheitsgründen in das etwa 50 Kilometer nordwestlich von Wien gelegene Schloss Immendorf in Niederösterreich gebracht, wo sie bedauerlicherweise im Zuge von Kampfhandlungen am 9. Mai 1945 ein Raub der Flammen werden.

Der Beethovenfries

KLIMT UND DIE SECESSION

Seit 1891 ist Gustav Klimt Mitglied der Genossenschaft der bildenden Künstler Wiens (Künstlerhaus). Aus Protest gegen die dort praktizierte engstirnige Ausstellungspolitik tritt er 1897 gemeinsam mit anderen fortschrittlich gesinnten Künstlern aus dem Künstlerhaus aus und gründet die Vereinigung bildender Künstler Österreichs – Secession, die sich um eine aufgeschlossenere, an den internationalen Kunstströmungen orientierte Kunst- und Ausstellungspolitik bemüht. Zugleich ruft die neue Bewegung bei allen reformbegeisterten Beteiligten ungeahnte Innovationskräfte hervor, was zu einem großen Teil dem Charisma Klimts zu verdanken ist. 1918 sollte der Kunsthistoriker Hans Tietze rückblickend schreiben: „Der heilige Frühling jener Zeit war Klimts Werk; er flößte den Künstlern der Vereinigung die Selbstlosigkeit ein, ihr Werk um des Werkes willen zu tun." Bis zu seinem Austritt aus der Secession, den Klimt aufgrund von persönlichen Differenzen gemeinsam mit weiteren Freunden 1905 vollziehen wird, bietet ihm das Ausstellungs- und Vereinsgebäude der Secession eine prominente Plattform, um seine jeweils neuesten Bilder dem Wiener Publikum zu präsentieren. Hier findet im Winter 1903/04 etwa auch Klimts erste große Einzelausstellung statt, die einzige, die zu Lebzeiten des Künstlers veranstaltet wird.

DIE BEETHOVENAUSSTELLUNG

Wenige Monate zuvor, von April bis Juni 1902, präsentiert die Secession im Rahmen ihrer XIV. Ausstellung eine umfassende Hommage an Ludwig van Beethoven. Spektakuläre Hauptattraktion der Schau ist eine von Max Klinger aus farbigem Marmor gehauene Beethovenskulptur, die im zentralen Saal der Secession positioniert wird. Begleitend dazu konzipieren

> **… nie ist die Wollust infamer, der Wahnsinn entsetzlicher, die Unschuld rührender, der Kummer herzzerreißender geschildert worden.**
>
> Hermann Ubell, 1902

20 Secessionskünstler – darunter Elena Luksch-Makowsky als einzige Künstlerin – im Rahmen einer konzertierten Aktion originäre Beiträge, deren Schwerpunkt bei Wandfriesen und Wandreliefs liegt. Das Gesamtkonzept der Inszenierung stammt von Alfred Roller, die Entwürfe für die Raumgestaltungen von Josef Hofmann. Den aufsehenerregendsten Beitrag liefert Klimt mit einem mehr als 34 Meter langen Wandfries, der sich auf einer Höhe von etwa zwei Metern über drei Wände eines Seitensaals der Secession erstreckt, der sogenannte Beethovenfries, eine monumentale Allegorie, die als Schlüsselwerk in der Entwicklung des Künstlers gilt.

DAS PROGRAMM DES BEETHOVENFRIESES

Klimt entwickelt ab 1901 in diesem Werk ein aus der Neunten Symphonie Beethovens abgeleitetes Figurenprogramm. Nahezu wörtlich illustriert der Fries die Worte Friedrich Schillers, die Beethoven im Schlusschor der Neunten Symphonie vertont hat. Seinen Anfang nimmt der Fries auf der ersten Längswand mit der Darstellung von waagrecht dahingleitenden Frauenfiguren, die im Katalog, der zur Beethovenausstellung herausgegeben wird, als „Die Sehnsucht nach dem Glück" bezeichnet wird. Die mit ausgestreckten Armen wie in einem Wasser treibenden weiblichen Gestalten schweben am obersten Rand des Frieses, während die Flächen darunter völlig leer bleiben. Die erste Figurengruppe, auf die die schwebenden Gestalten treffen, sind eine stehende nackte Frau sowie ein ebenfalls nacktes kniendes Paar. Laut Ausstellungskatalog symboli-

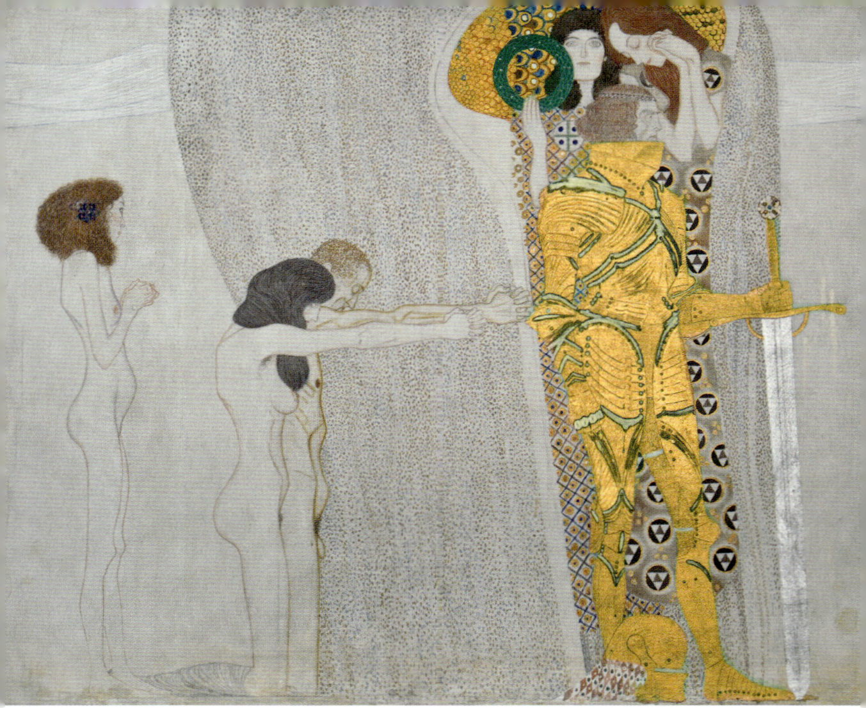

Beethovenfries, Detail: **Der wohlgerüstete Starke**, 1901/02

sieren diese drei Gestalten „die Leiden der schwachen Menschheit“, die sich flehend an den vor ihr stehenden Ritter, den „wohlgerüsteten Starken“, wenden. Dieser in einer historisch exakten, spätmittelalterlichen Rüstung inklusive mächtigem Schwert wiedergegebene Ritter soll nicht nur von den flehenden Menschen, sondern auch von den beiden über ihm schwebenden Gestalten „Mitleid und Ehrgeiz“ dazu animiert werden, „das Ringen nach dem Glück aufzunehmen“.

Der herausfordernde Blick des Ritters richtet sich auf die Szene an der Schmalwand, wo die „feindlichen Gewalten“ versammelt sind. Im Zentrum der Gruppe lauert „der Gigant Typhoeus“, ein riesiges affenähnliches Monster, das der

Mythologie zufolge das Resultat der Zeugung von der Erdgöttin Gaia und dem Gott der Unterwelt, Tartaros, ist. Ihn flankieren zu linker Hand „seine Töchter, die drei Gorgonen, Krankheit, Wahnsinn, Tod". Über diese drei Gorgonen mit ihrer unverhüllten Nacktheit und Laszivität haben sich Klimts Zeitgenossen besonders ereifert und heftig dagegen protestiert. Oberhalb der Gorgonen lauert in nicht zu überbietender Drastik die skeletthafte weibliche Figur des Todes. Zu rechter Hand erscheinen weitere Töchter des Typhoeus, die Personifikationen von „Wollust, Unkeuschheit und Unmäßigkeit". Die Figur der Unmäßigkeit präsentiert in ihrer leiblichen Fülle einen besonderen Reichtum an plastischem Dekor, wofür sogar

Beethovenfries, Detail: **Die feindlichen Gewalten**, 1901/02

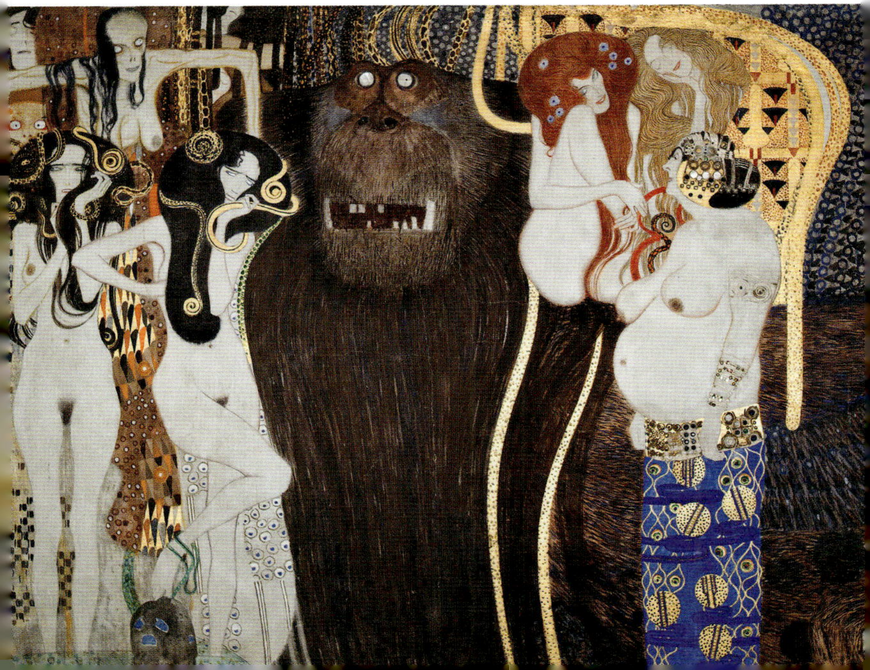

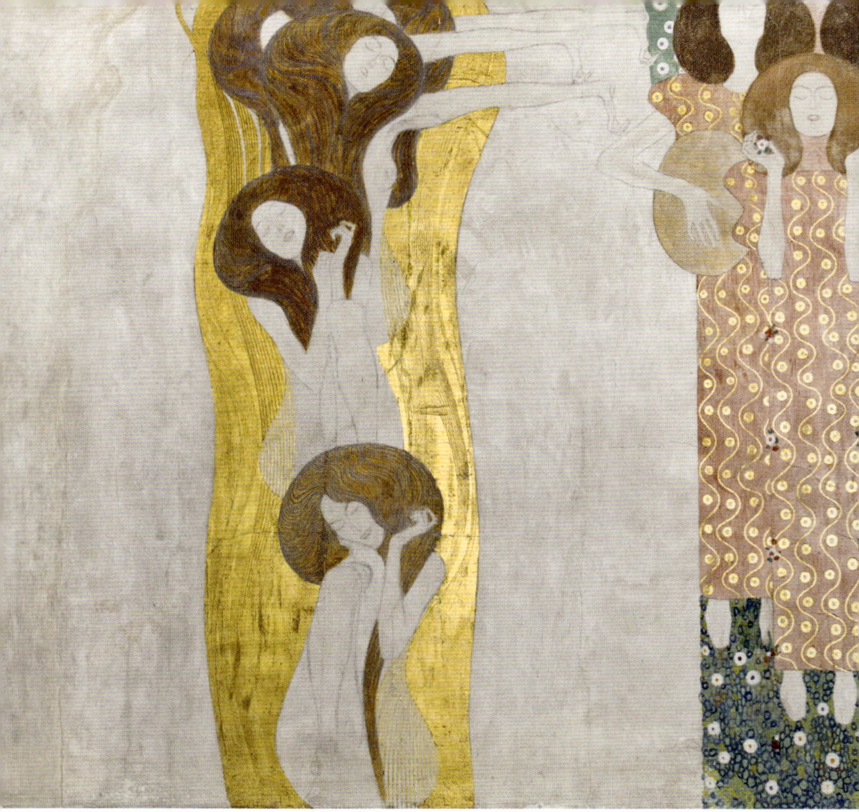

Beethovenfries, Detail: **Chor der Paradiesesengel** und **Umarmung**, 1901/02

Glassteine und andere Materialen an die Wand appliziert wurden. Etwas abseits, vor dem hässlichen Schlangenleib und den mächtigen Flügeln des Monsters, kauert der „nagende Kummer“, eine magere Frauenfigur, deren Expressivität besonders eindrucksvoll erscheint.

Die „Sehnsüchte und Wünsche der Menschheit“ kehren auf der anschließenden Längswand als waagrecht schwebender Zug wieder und ziehen weiter, bis sie von der einsam stehenden Figur der „Poesie“ zum Anhalten gebracht werden. Hier

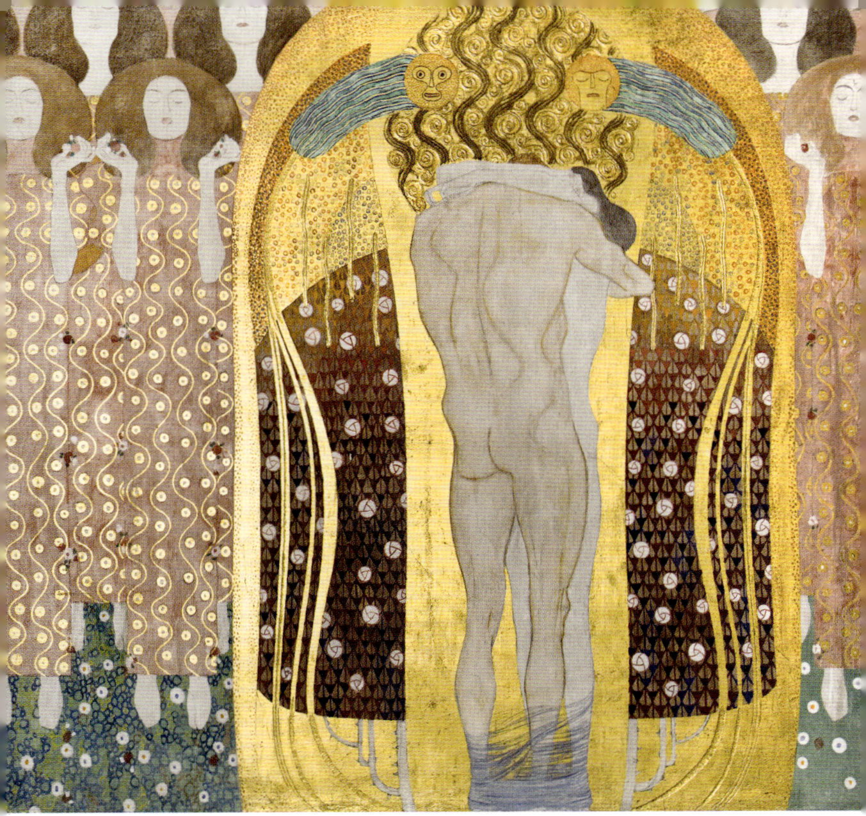

„findet die Sehnsucht nach Glück Stillung in der Poesie". Klimt präsentiert die Gestalt der Poesie in einer antiken Vorbildern nachempfundenen Weise, wie er insgesamt bei vielen Motiven des Frieses in reichem Maß aus dem Formenrepertoire antiker, ägyptischer und archaischer Kulturen schöpft. Die Gruppe von vertikal angeordneten kauernden Frauen, genannt „Die Künste", leitet zum *Chor der Paradiesesengel* über, der Beethovens „Schlusschor an die Freude" entspricht. Mit erhobenen Händen und geschlossenen Augen singen die schwebenden Frauengestalten das Lied „An die Freude". Im Ausstellungskatalog wird Klimts Frauenchor folgendermaßen charakterisiert: „Die Künste führen uns in das ideale Reich hinüber, in dem allein wir reine Freude, reines Glück, reine Liebe finden können. ‚Freude, schöner Götterfunken' Diesen Kuss der ganzen Welt'".

Seine bildliche Darstellung findet der Kuss in Gestalt des sich umarmenden nackten Paares, das zugleich Höhepunkt und Endpunkt des Frieses signalisiert.

DIE KÜNSTLERISCHE BEDEUTUNG DES BEETHOVENFRIESES

Die Bedeutung des Beethovenfrieses ist für das künstlerische Werk Klimts nicht hoch genug einzuschätzen: Er erarbeitet eine monumentale Isolierung der Figuren; die Linearität als autonomes Gestaltungselement erreicht hier in seinem Schaffen einen ersten Höhepunkt, und die Verwendung abstrakter, dekorativer Elemente sowie der Einsatz von Goldfarbe nehmen in diesem Werk erstmals ein Ausmaß an, das für die nachfolgenden Werke des Künstlers beispielhaft werden soll und den Auftakt zur Goldenen Periode geben wird. Dass Klimts Fries nicht – wie die Wandmalereien der übrigen Künstler – nach Ende der Beethovenausstellung demoliert wird, sondern für die Nachwelt erhalten bleibt, ist dem beherzten Engagement des Klimt-Mäzens Carl Reininghaus zu verdanken, der den Fries damals erwirbt und diesen in mühsamer Arbeit von der Wand abnehmen lässt. Kurze Zeit später gelangt der Fries in den Besitz der Familie Lederer, die das Kunstwerk in den 1970er-Jahren an die Republik Österreich verkauft. Nach jahrelanger aufwendiger Restaurierung wird der Fries schließlich dauerhaft im Untergeschoss des Gebäudes der Wiener Secession untergebracht, wo er bis heute zu bestaunen ist.

Das ist seine Phantasie. In Edelsteinen zu wühlen, die nicht sind. In Glanz und Flimmer und mannigfaltigem Gefunkel ohne Greifbarkeit. Der körperlos reine Augenschmaus, die Zurückzauberung der Seele, die in der Körperkunst vergangener Prunkzeiten lebte.

Ludwig Hevesi, 1909

Die Wiener Secession

Das wohl wichtigste Ereignis im Rahmen der künstlerischen Erneuerung in Wien um 1900 war die Gründung der Wiener Secession. Es handelte sich um eine Abspaltung von der bis dahin tonangebenden Genossenschaft bildender Künstler Wiens (Künstlerhaus). Vor allem junge Mitglieder des Künstlerhauses drängten seit Langem auf eine Modernisierung des Ausstellungsbetriebs. Am 3. April 1897 fand die konstituierende Versammlung der Vereinigung bildender Künstlers Österreichs – Secession statt. Ihr gehörten 23 Maler, Bildhauer und Architekten an. Zunächst verblieb die Secessionsgruppe noch als eigener Club in der Künstlergenossenschaft, doch am 24. Mai 1897 gaben 13 Secessionisten ihren Austritt aus der Genossenschaft bekannt, unter ihnen Gustav Klimt, der als erster Präsident der Vereinigung fungierte, Carl Moll, Koloman Moser, Joseph Maria Olbrich und Josef Hoffmann.

Das in der Folge von Olbrich errichtete und im November 1898 eröffnete neue Vereins- und Ausstellungsgebäude sollte schon nach außen hin Innovation und Erneuerung signalisieren. Über einem weißen, tempelartigen Quader erhebt sich eine Kuppel in Form einer Kugel, die mit vergoldeten Lorbeerblättern übersät ist. Über dem Eingang erscheint das Zitat des

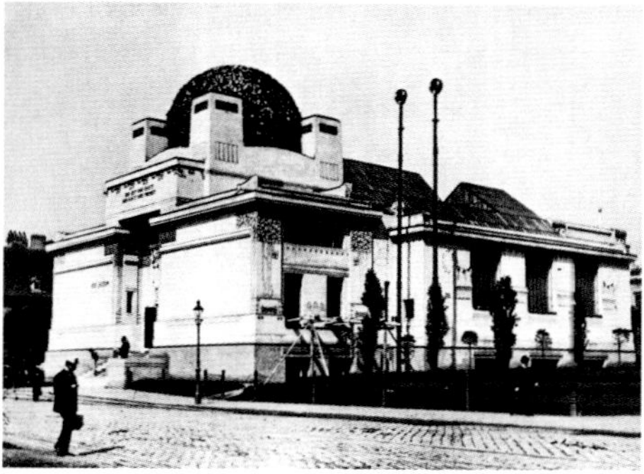

Gebäude der Wiener Secession, errichtet 1898, Außenansicht, zeitgenössische Aufnahme

Bild rechts oben: Gustav Klimt (im Hintergrund sitzend) und weitere Mitglieder der Wiener Secession im Inneren des Secessionsgebäudes, um 1902

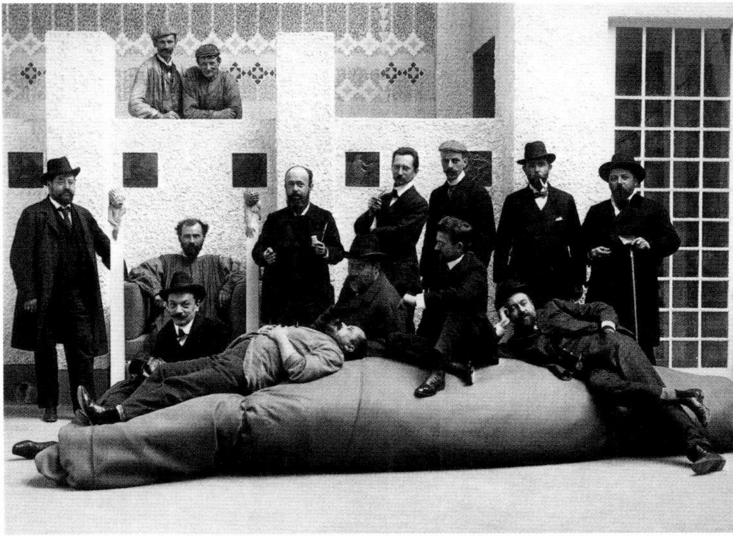

Kunstkritikers Ludwig Hevesi „Der Zeit ihre Kunst. Der Kunst ihre Freiheit", welches zum Wahlspruch der Secessionisten wird. An der Finanzierung des Baues beteiligte sich unter anderem der Industrielle und Kunstmäzen Karl Wittgenstein. Mit den Ausstellungen der Secession hielt die europäische Avantgarde in Wien Einzug, wie etwa die französischen Impressionisten, Auguste Rodin oder die belgischen Symbolisten. Innerhalb der ersten acht Jahre von 1897 und 1905 wurden 23 Ausstellungen durchgeführt. In der Modernität der Ausstellungsgestaltungen, für die vor allem Koloman Moser, daneben auch Josef Hoffmann und Alfred Roller verantwortlich waren, setzte die Secession neue Maßstäbe. Von 1898 bis 1903 gab die Secession die Kunstzeitschrift *Ver Sacrum* heraus, deren grafische Gestaltung einen Höhepunkt des Designs des Wiener Jugendstils darstellt. Aufgrund von Streitigkeiten verließ Klimt zusammen mit weiteren Mitstreitern wie Moser, Hoffmann und Moll jedoch 1905 die Künstlervereinigung. Bis zum heutigen Tag bildet die Secession eine wichtige Plattform für zeitgenössische Kunst in Wien.

Klimt und die weibliche Erotik

Bereits beim Skandal um die Fakultätsbilder für die Wiener Universität hat sich gezeigt, dass einer der Hauptgründe für die öffentliche Erregung in Klimts unverhüllt erotischen Darstellungen liegt. Mehrere Male tauchen in den Fakultätsbildern attraktive weibliche Figuren auf, die nicht nur wegen ihrer Nacktheit, sondern auch wegen ihrer lasziven Posen das Publikum provozieren. Auch im Beethovenfries werden die zahlreichen nackten Gestalten als anstößig aufgefasst, allen voran die Darstellungen der Allegorien des Lasters. Insbesondere in den Jahren zwischen 1900 und 1910 schlüpft Klimt wiederholt in die Rolle des Skandalkünstlers, der es wagt, in seinen Gemälden, vor allem jenen mit symbolistischen und allegorischen Inhalten, deutlich wie nie zuvor weibliche Erotik ins Zentrum der Darstellung zu rücken.

Die neue Wienerin – eine ganz bestimmte Sorte von neuer Wienerin – ihre Großmamas sind Judith und Salome – hat Klimt entdeckt oder erfunden. Sie ist allerliebst lasterhaft, reizend sündhaft, entzückend pervers.

Illustriertes Wiener Extrablatt, 1909

BIBLISCHE UND MYTHOLOGISCHE DARSTELLUNGEN

Eines der auch heute wohl bekanntesten Beispiele, in denen Klimt den Reizen weiblicher Erotik huldigt, ist seine 1901 geschaffene Darstellung *Judith I.* Diese legendäre biblische Gestalt, die den assyrischen Feldherrn Holofernes mit eigenen

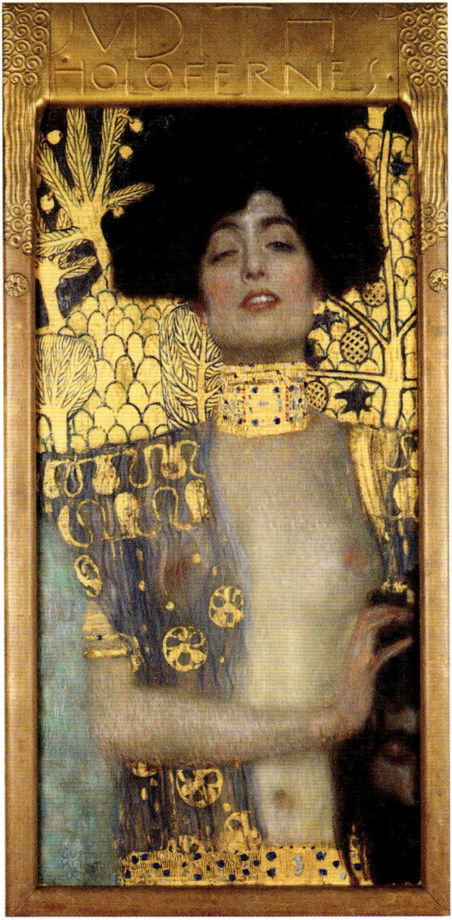

Judith I, 1901, Öl auf Leinwand, 84 × 42 cm

Händen enthauptet, um ihr jüdisches Volk vor dem Untergang zu retten, findet zur Zeit Klimts verstärkt Eingang in Kunst und Literatur. Klimts hocherotische Darstellung bezieht sich offensichtlich auf jene Interpretation, die Friedrich Hebbel 1840 in seinem Drama *Judith* vornimmt, worin die jüdische Heroine, anders als in der biblischen Erzählung, mit dem Feldherrn tatsächlich auch sexuellen Kontakt hat. Mit leicht zurückgeworfenem Kopf und lasziv geöffnetem Mund schenkt Klimts *Judith* dem Betrachter aus halb geöffneten Augen einen verführerischen Blick, mit dem sie wohl auch Holofernes bezaubert hat. Ihr Oberkörper wird vom dünnen Seidenstoff eher enthüllt als verhüllt. Klimts Malweise, die mit Raffinesse die Gestalt in ein nebelartiges Sfumato taucht, unterstreicht die mysteriöse Wirkung, die von dieser Person ausgeht. Klimts *Judith* erscheint als herausragendes Beispiel für den um 1900 in der bildenden Kunst wie auch in der Literatur neu stilisierten Typus der Femme fatale, jenem faszinierenden Wesen, von dem Erotik und Gefahr gleichermaßen ausgehen.

Klimts ambivalente Auffassung von der erotischen wie mordenden Frau lenkt den Blick auf ein am Beginn des 20. Jahrhunderts in Wien heftig diskutiertes Thema, nämlich das Verhältnis der Geschlechter zueinander. Die Rolle von Mann und Frau in der Gesellschaft, Erotik und Sexualität, Eigen- und Fremdbestimmung sexueller Rollen rücken in den Jahren nach 1900 verstärkt ins Blickfeld der Wissenschaft und Gesellschaft und werden einer fundamentalen Neubewertung unterzogen. Es ist sicher kein Zufall, dass gerade in diesen Jahren in Wien Vertreter der noch jungen Wissenschaftsdisziplin der Psychoanalyse, allen voran Sigmund Freud, hier zu völlig neuen Erkenntnissen gelangen.

Acht Jahre später beschäftigt sich Klimt erneut mit dem Thema der *Judith* und verbindet es zugleich mit einer anderen biblischen Gestalt, nämlich jener der Salome, der Tochter der Herodias, der zweiten Frau von König Herodes. Bei einem Festmahl betört sie mit ihrem Tanz König Herodes dermaßen, dass er ihr jeden Wunsch zu erfüllen bereit ist. Auf Anraten ihrer Mutter Herodias verlangt Salome das Haupt des Propheten Johannes, dem Herodias feindlich gesinnt ist, weil er die Legitimität ihrer Ehe mit Herodes in Zweifel gezogen hat. Meisterhaft umspielt Klimt den entblößten Frauenkörper mit reichem Dekor, was die Diskrepanz zwischen Erotik und Grausamkeit noch erhöht. Das Thema der Salome fasziniert zu Klimts Zeit zahlreiche weitere Künstler. So hat etwa der englische Grafiker Aubrey Beardsley mit seinen 1893 erschienenen Illustrationen zu Oscar Wildes Drama *Salome* (1891) diesem Typus eine besondere Prägung verliehen. Und 1905 setzt der deutsche Komponist Richard Strauss in seiner Oper *Salome* dieser Gestalt ein eindrucksvolles musikalisches Denkmal.

Die „Judith" ist die vergoldete Nußschale, in die der Künstler dieses ganze Phantasiekönnen, unzurechnungsfähig und superklug wie es ist, hineingepreßt hat, wie man einst ein konzentriertes Gift in einem kostbaren Ring unterbrachte. Es ist schier seltsam zu beobachten, wie dieses jetzt einzigartig dastehende System einer dekorativ-ornamentalen Sinnlichkeit sich bei Klimt nach und nach entwickelt hat. Das verruchte Ornament, wo nicht das perverse.

Ludwig Hevesi, 1906

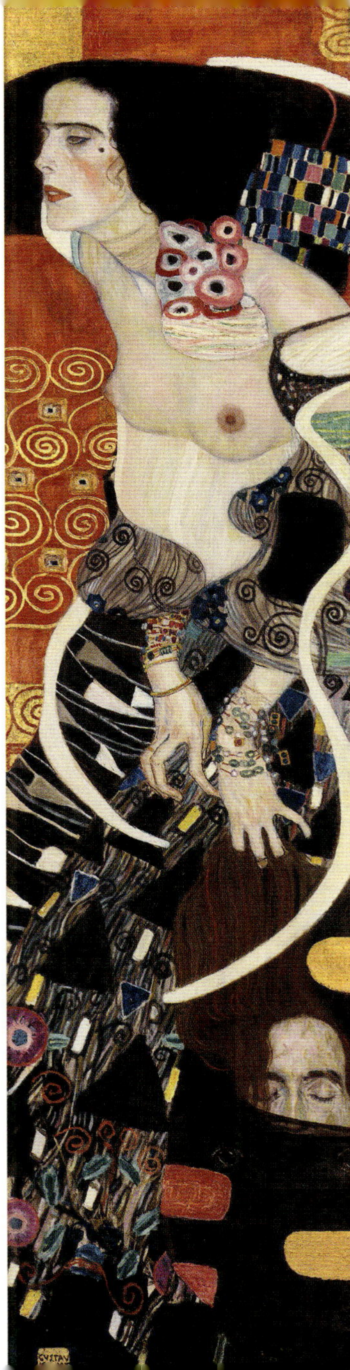

Judith II (Salome), 1909,
Öl auf Leinwand, 178 × 46 cm

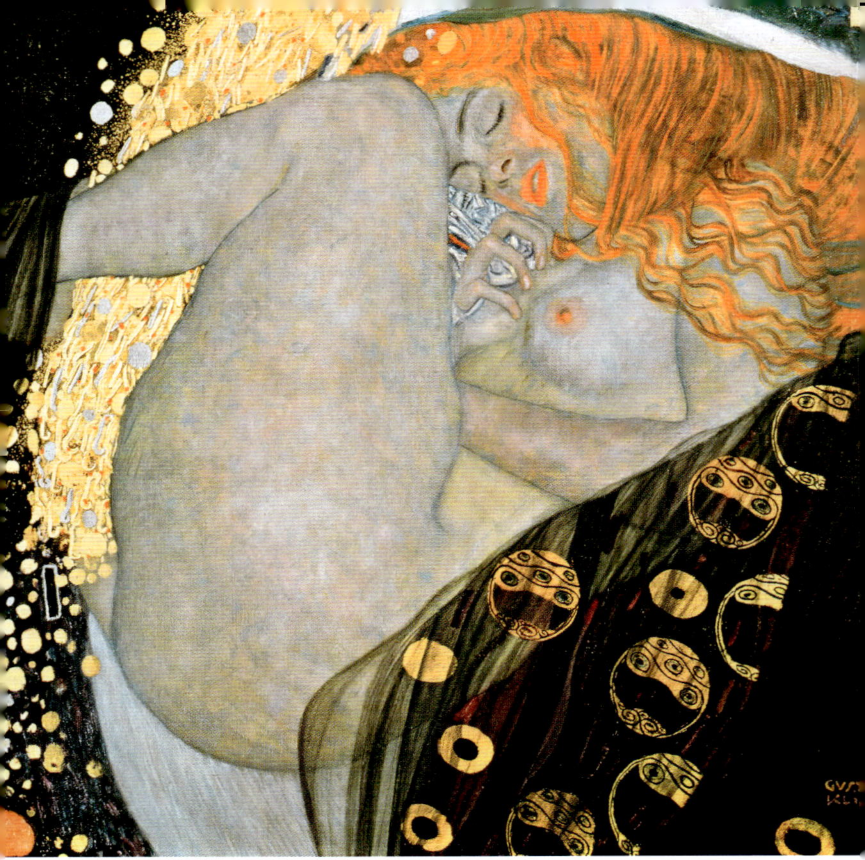

Danae, 1907/08, Öl auf Leinwand, 77 × 83 cm

Ein Thema aus der griechischen Mythologie, das bereits Künstlern der Renaissance und des Barocks Stoff für erotische Darstellungen geliefert hat, ist der Liebesakt zwischen Danae und dem Göttervater Zeus, der diese Begegnung in Form eines Goldregens, in den er sich verwandelt hat, vollzieht. In seinem 1907/08 geschaffenen Gemälde *Danae* gelingt es Klimt auf besondere Weise, die sinnliche Erfahrung des Liebesaktes bildlich zur Sprache zu bringen. Der Goldregen rieselt in Klimts Bild in Form von echtem Blattgold auf die in Ekstase gekrümmte Gestalt der Danae nieder.

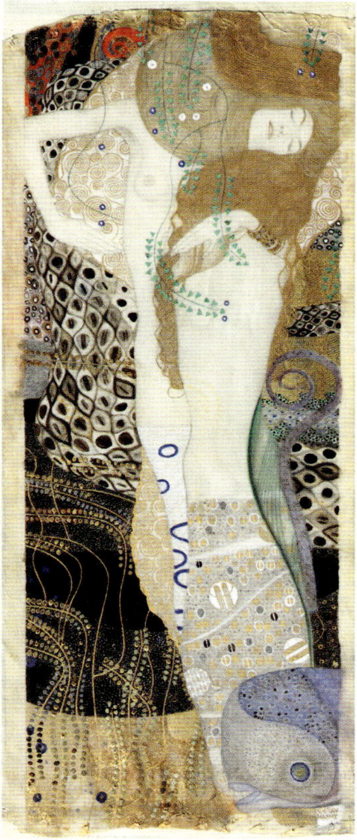

Freundinnen (Wasserschlangen I), 1904 (geringfügige Ergänzungen 1907), Bleistift auf Pergament mit Aquarell-Deckfarben, Silberbronze und Goldbronze gehöht, 50 × 20 cm

ALLEGORISCHE DARSTELLUNGEN

Bei der Suche nach neuen Möglichkeiten, die sinnlichen Reize weiblicher Aktmodelle effektvoll zur Entfaltung zu bringen, entwickelt Klimt einen besonderen Erfindungsreichtum. Zu seinen originellsten Motivschöpfungen zählen Darstellungen von märchenhaften, im Wasser lebenden weiblichen Wesen, vom Meister als „Nixen" oder „Wasserschlangen" bezeichnet, die sich in fließenden und schwebenden Bewegungen als träumerische, in sich versunkene, passive Wesen präsentieren.

Ein prägnantes Beispiel dafür ist das Bild *Freundinnen (Wasserschlangen I)*, das Klimt im Jahr 1904 als kostbare Miniaturarbeit auf einer kleinformatigen Pergamentfläche realisiert. Zwei überschlanke Frauengestalten schmiegen sich zärtlich aneinander, umspielt von einer Vielzahl von biomorphen Ornamentformen, die sich unmittelbar aus der Pflanzen- und Tierwelt ableiten. Das gleiche Thema variiert Klimt in einem großformatigen Gemälde, genannt *Wasserschlangen II*, worin weibliche Aktfiguren an den Betrachtenden vorbeigleiten und diesen träumerische Blicke zuwerfen. Ihre roten, nixenhaft langen

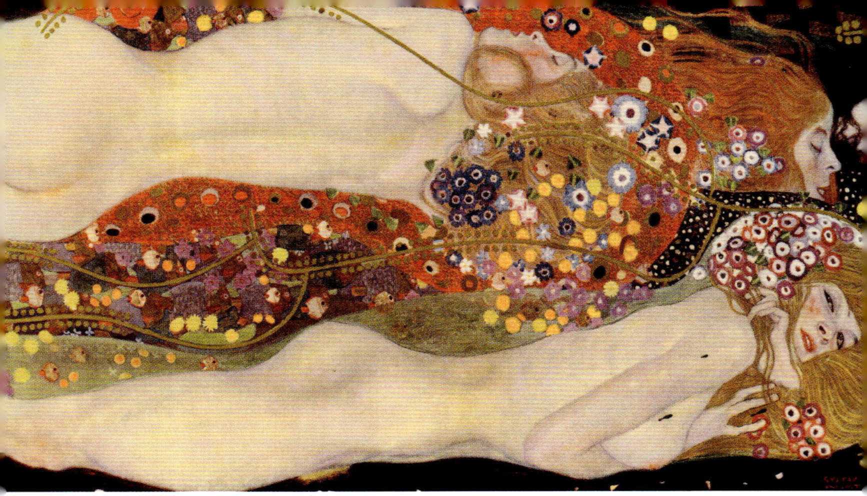

Wasserschlangen II, 1904, umgearbeitet 1906/07, Öl auf Leinwand, 80 × 145 cm

Haare sind durchsetzt von magisch schimmernden, blütenähnlichen Gewächsen.

EROTISCHE ZEICHNUNGEN

Das Medium, in dem sich Klimt am häufigsten und intensivsten mit weiblicher Erotik auseinandersetzt, ist zweifellos die Zeichnung. In Tausenden von Bleistiftstudien hält er weibliche Aktmodelle fest, die in vielen Fällen explizit laszive Posen einnehmen. Da überrascht es nur wenig, dass Klimt aufgrund dieser Arbeiten, die er zuweilen auch in der Öffentlichkeit präsentiert, mit dem Vorwurf der Obszönität konfrontiert wird. Dies führt schließlich dazu, dass Klimt seine Zeichnungen nur mehr selten in Ausstellungen zeigt. Klimts Zeichnungen von weiblichen Modellen sind aber nicht nur Ausdruck einer privaten Faszination von der Sinnlichkeit des Frauenkörpers, sondern sie dienen ihm auch dazu, das Thema eines Ölgemäldes zu planen, motivisch und kompositorisch minutiös zu erarbeiten. Mit den liegenden Frauengestalten in den beiden Varianten der *Wasserschlangen* etwa können zahlreiche Modellstudien in Zusammenhang gebracht werden, die somit auch zeigen, dass sich Klimt über einen sehr langen Zeitraum mit ein und demselben Thema beschäftigt hat.

Klimts Zeichnungen können aber auch als von den Gemälden unabhängige Kunstwerke angesehen werden. Der Grad ihrer Gestaltung reicht von raschen Skizzen bis zu minutiös durchgearbeiteten Meisterzeichnungen. Vor allem in den späteren Zeichnungen entwickelt Klimt einen faszinierend-dynamischen Zeichenstrich, und in ihren Kompositionen erschließt sich mittels perspektivischer Verkürzungen, komplexer Drehungen und Körperhaltungen oft ein neuartiges Raumgefühl.

Liegender Mädchenakt nach links,
1914/15, Bleistift, 37,4 × 56,9 cm

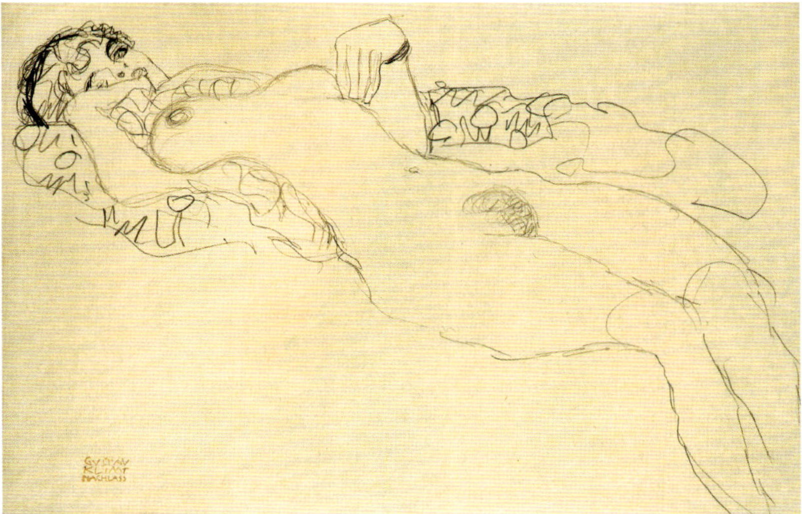

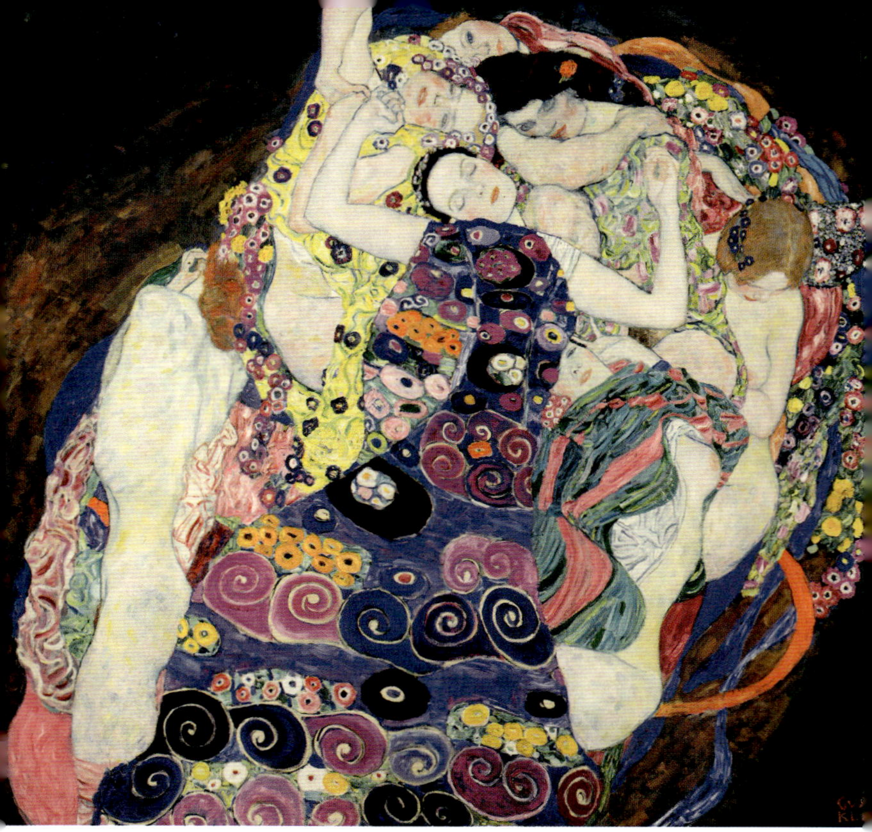

Die Jungfrau, 1913, Öl auf Leinwand, 190 × 200 cm

Glückserfahrung. Für das großformatige, 1913 entstandene Gemälde *Die Jungfrau* sind wie bei kaum einem anderen Werk des Meisters eine Vielzahl gezeichneter Aktstudien bekannt. In diesem Gemälde, das an eine visionäre Glückserfahrung einer jungen Frau denken lässt, präsentiert Klimt die Frau als passives, verträumt in sich verharrendes Geschöpf, dessen Nacktheit von reich gemusterten Stoffen und Kleidungsstücken gleichermaßen verdeckt wie entblößt wird. Auf höchst ungewöhnliche, originelle Weise spielt Klimt mit den Kontrasten zwischen sinnlich nackter Haut und stark farbigen Ornamentformen.

Malen und zeichnen kann ich. Ich interessiere mich nicht für die eigene Person – eher für andere Menschen, weibliche ... ich male Tag um Tag von morgens bis abends – Figurenbilder und Landschaften, seltener Porträts. Schon wenn ich einen einfachen Brief schreiben soll, wird mir Angst und Bang wie vor einer drohenden Seekrankheit. Wer was über mich wissen will, soll meine Bilder aufmerksam betrachten, daraus erkennen zu suchen, was ich bin und will. Gustav Klimt, nach einem nicht datierten Typoskript

Emilie Flöge

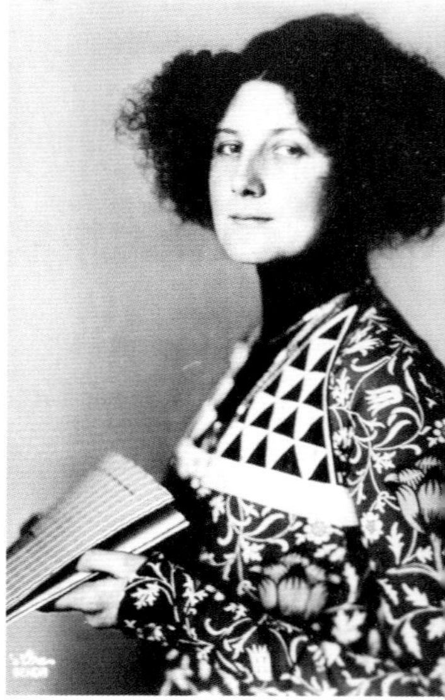

Emilie Flöge (1874–1952) war zweifellos die wichtigste Frau in Gustav Klimts Leben. Aus einer anfänglichen Liebesbeziehung entwickelte sich eine enge, lebenslange Freundschaft, wobei Emilie bereit war, die Besonderheiten, die Klimts eigensinniges Wesen mit sich brachte, zu akzeptieren. So musste sie hinnehmen, dass Klimt sie nicht heiratete und trotz ihrer Beziehung nebenbei Affären mit Modellen unterhielt, mit denen er sogar Kinder hatte. Emilies Beziehung zu Klimt blieb hingegen kinderlos; die beiden wohnten nicht einmal zusammen. Emilie lebte im gemeinsamen Haushalt mit ihren Schwestern, während auch Klimt sein ganzes Leben im Haushalt seiner Mutter und seiner unverheirateten Schwestern verbrachte. Doch bei offiziellen Anlässen und den häufigen Besuchen von Theater- und Konzertaufführungen war stets Emilie an Klimts Seite. Und als „Frau Klimt", wie sie in der Wiener Gesellschaft inoffiziell tituliert wurde, sollte sie auch – neben Klimts Geschwistern – Erbin von Klimts Nachlass werden.

Kennengelernt hatte Klimt die um 12 Jahre jüngere Emilie spätestens zu dem Zeitpunkt, als sein Bruder Ernst im Oktober 1891 Emilies Schwester Helene heiratete. Als im Dezember 1892 Ernst jedoch bereits überraschend verstarb, übernahm Gustav die Vormundschaft der Tochter von Ernst und Helene, Helene Luise. Während die Brüder Klimt aus bescheidenen

Emilie Flöge (1874–1952), österreichische Modeschöpferin und Lebensgefährtin von Gustav Klimt, um 1910

Verhältnissen stammten, zählte die Familie Flöge zur begüterten Wiener Gesellschaftsschicht. Vater Hermann Flöge war Inhaber einer Fabrik, die Meerschaumpfeifen produzierte. Emilie führte mit ihren Schwestern Pauline und Helene ab 1892 eine Schneiderwerkstatt, und 1904 eröffneten sie den Modesalon Schwestern Flöge. Josef Hoffmann und Koloman Moser, Klimts enge Mitstreiter aus den Reihen der Secession, entwarfen 1904/05 die gesamte Innenausstattung dieses Salons Flöge, die Ausführung oblag der Wiener Werkstätte. Viele Jahre zählte der Salon Flöge zu den führenden Modehäusern Wiens. Der Betrieb beschäftigte zu seinen besten Zeiten rund 80 Mitarbeiterinnen. Emilie Flöge gehörte zu jenen Modeschöpferinnen, die die sogenannte Reformmode propagierten. Zudem adaptierte der Salon auch neueste internationale Modekreationen. Zu diesem Zweck unternahm Emilie Flöge sogar zweimal jährlich Fahrten zu den Modemessen nach Paris und London.

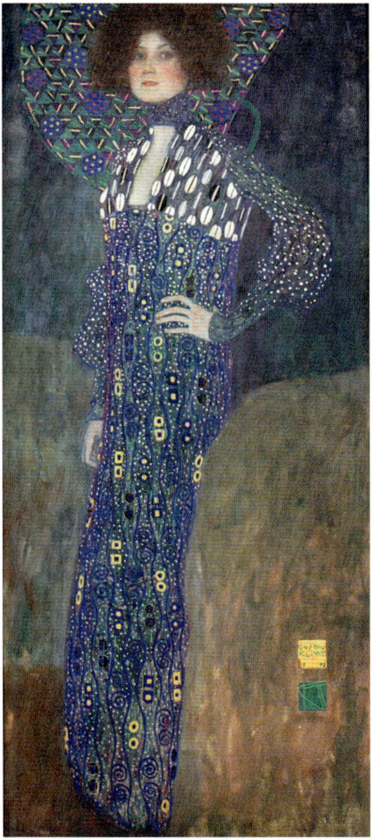

Bildnis Emilie Flöge, 1902/03, Öl auf Leinwand, 181 × 84 cm

Die goldene Periode

Seit jeher wird Klimts Name mit Bildern in Gold in Verbindung gebracht. Sämtliche dieser Werke sind in seiner sogenannten Goldenen Periode, also in den Jahren zwischen 1901 und 1909, entstanden. Im Vergleich zu den übrigen von Klimt geschaffenen Werken bilden sie eine erstaunlich kleine Gruppe. Doch gerade die goldenen Bilder sind zu einem unverwechselbaren Markenzeichen Klimts geworden und haben sich einen festen Platz in der Kunstgeschichte erobert.

FASZINATION GOLD

Über die Gründe, weshalb sich Klimt so sehr für das Material Gold interessiert, gibt es lediglich Mutmaßungen. Frühe Anregungen könnte Klimt bereits in seinem Elternhaus erhalten haben, arbeitete doch sein Vater als Goldgraveur. Ein Schlüsselerlebnis bildet sicherlich die im Jahr 1903 unternommene Reise nach Venedig und Ravenna, wo Klimt die mittelalterlichen Goldmosaike in den Domen und Kirchen bewundert. So sehr haben es ihm diese Mosaike angetan, dass der Meister, der zeitlebens nur ungern gereist ist, im gleichen Jahr sogar ein zweites Mal nach Ravenna fährt. Kurz zuvor hat Klimt damit begonnen, eine spezielle Technik zu entwickeln, die es ihm ermöglicht, echtes **Blattgold*** hauchdünn auf die Leinwand aufzutragen. Blattgold und goldglänzende Bronzefarbe ver-

> **Man malt sich aus, wie unsagbar preziös dieses Idol wohl sein könnte, wenn es aus echtem Gold und Silber, aus echten, kostbaren, funkelnden Steinen bestünde. Aber, wo bleibt die Malerei?**
>
> Richard Muther zu Gustav Klimts *Die Hoffnung II*, 1909

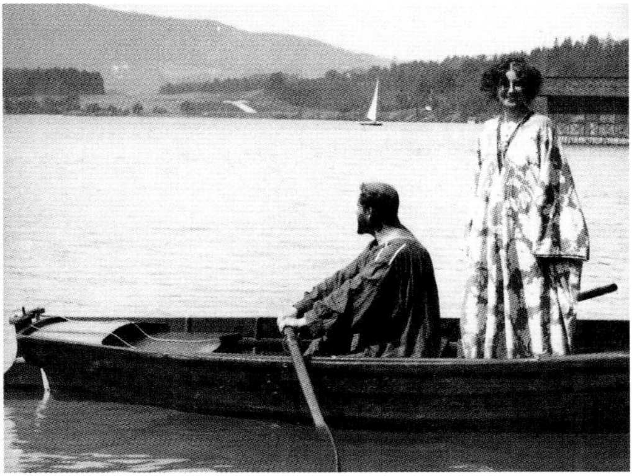

Emilie Flöge und Gustav Klimt in einem Ruderboot vor der Villa Paulick, 1909

schmelzen zu einer Einheit und erzeugen eine prachtvoll glänzende, schimmernde Wirkung. In manchen Bildern finden sich neben Blattgold auch feine Plättchen aus Silber, gelegentlich sogar aus Platin, einem Material, das extrem selten für künstlerische Zwecke herangezogen wird.

Einen ersten Höhepunkt in der Verwendung von Gold liefert Klimt mit dem Bildnis *Adele Bloch-Bauer I*. Den Auftrag dazu erhält der Meister 1903, also in jenem Jahr, in dem er nach Ravenna reist, doch benötigt Klimt ganze vier Jahre, um das Porträt von Adele Bloch-Bauer (1881–1925), der exzentrischen Gattin des Industriellen Ferdinand Bloch-Bauer, zu vollenden. Für den Kunstschriftsteller Ludwig Hevesi erscheint dieses Bildnis als „ein Zwitterwesen aus Malerei und Kunstgewerbe, dargeboten mit der Sorgfalt eines Goldschmiedes“. Hier lassen sich vielfältige stilistische Vorbilder ausmachen: So wirken die goldenen, quadratischen und kreisförmigen Dekorfelder, die das Kleid und die Rückenlehne des Fauteuils bedecken, wie eine Reminiszenz an die Pracht der ravennatischen Goldmosaike. Die eigenwilligen Augenmotive und spitzen Dreiecke, die das Kleid von Adele Bloch-Bauer schmücken, verweisen auf ägyptischen Goldschmuck, während die zarten Spiralen an den Stuhllehnen offensichtlich auf mykenische Anregungen zurückgehen. Der diffuse Hintergrund, der aus winzigen Goldplättchen gestaltetet ist, erinnert wiederum an ostasiatische Wandschirme und Lackarbeiten, die Klimt sehr bewundert und

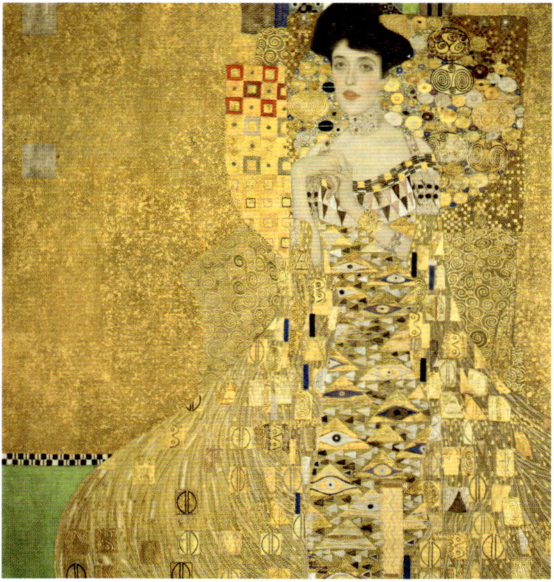

Bildnis Adele Bloch-Bauer I, 1907, Öl und Goldauflage auf Leinwand, 140 × 140 cm

rechte Seite:
Der Kuss (Liebespaar), 1908/09, Öl, Blattgold, Goldfarbe, Schlagmetall auf Leinwand, 180 × 180 cm

auch selbst gesammelt hat. Klimts Bildnis *Adele Bloch-Bauer I* erinnert in ihrem Goldglanz nicht nur an byzantinische Ikonen, sie gilt heute als die Ikone schlechthin für die Kunst des **Jugendstils***. Vielfach wird das Porträt auch als „die Mona Lisa Österreichs" bezeichnet.

Der atmosphärische Goldhintergrund des Bildnisses *Adele Bloch-Bauer I* kehrt auch in Klimts heute bekanntestem Bild, *Der Kuss* von 1908/09, wieder. Vor diesem goldenen Grund scheint das Liebespaar, das mit kostbaren goldenen Gewändern bekleidet auf einer Blumenwiese kniet, in einem unendlichen Kosmos zu schweben, wodurch die mystische, transzendente Wirkung dieses Bildes noch deutlicher in den Vordergrund rückt. Die Körper der Liebenden sind in einer einzigen Kontur vereint. Plastisch ausgeformt erscheinen lediglich die Gesichter und Hände der beiden sowie die Schultern und Füße der Frau, während ihre übrigen Körperpartien von flachen

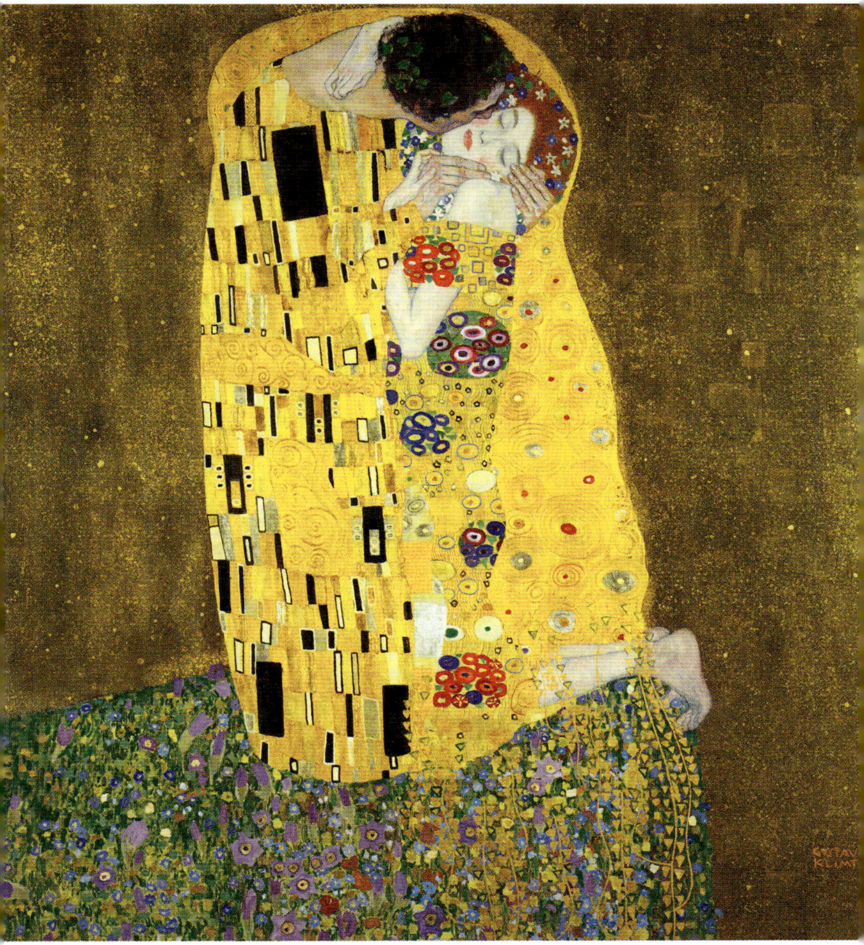

Ornamenten bedeckt sind. Die Ornamentformen symbolisieren die Prinzipien der Geschlechter: Den Mann überlagern rechteckige, kontrastreiche Gebilde in Weiß und Schwarz, männliche Kantigkeit und Stärke vermittelnd; die Frau schmücken runde, buntfarbige Muster und florale Elemente; verschiedenfarbige Blüten zieren Haar und Gesicht und betonen ihr feminin-liebliches Wesen. Klimt schafft das Abbild einer vollkom-

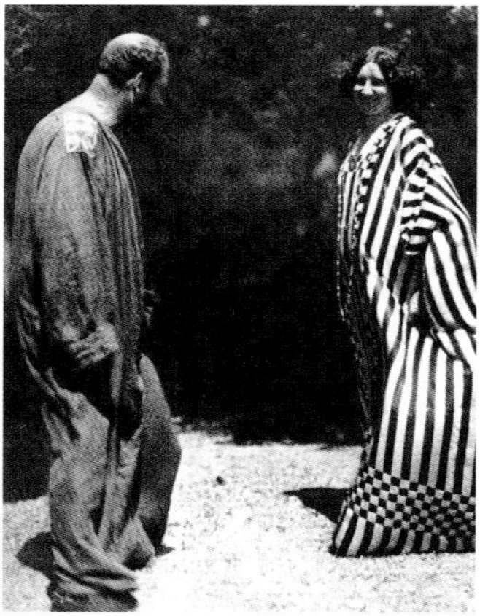

Gustav Klimt und Emilie Flöge, fotografiert von Hans Böhler, 1909

menen Vereinigung von Mann und Frau, beide verschmelzen miteinander. Hier verbinden sich Mann und Frau auch mit Erde und Kosmos und scheinen geleitet von der Macht der Liebe, die alles zusammenhält.

Vermutlich hat Klimt bereits im Jahr 1907 mit der Arbeit am Gemälde *Der Kuss* begonnen. Als er es im Sommer 1908 unter dem Titel *Liebespaar* auf der Kunstschau präsentiert, avanciert es sofort zur Hauptattraktion und wird noch während der laufenden Ausstellung vom Unterrichtsministerium angekauft. Bevor Klimt das Gemälde tatsächlich abliefert, nimmt er noch einige Veränderungen am Bild vor, die sich vermutlich bis ins Jahr 1909 erstrecken. Bei der zweiten Präsentation des Werks auf der *Internationalen Kunstausstellung* in Rom 1911 wird das Werk bereits mit dem Titel *Der Kuss* versehen, jene Bezeichnung, die fortan untrennbar mit dem Bild verbunden ist.

Bis heute ist es ein Rätsel, wen Klimt auf diesem Bild dargestellt hat. Der Maler selbst hat darüber keine Aussage getroffen. Vielfach wird vermutet, dass es sich um ein Selbstbildnis des Künstlers gemeinsam mit seiner lebenslangen Partnerin Emilie Flöge handelt. Allerdings findet sich in den Gesichtszügen der Frau kaum eine Spur von Individualität; ihr Wesen entspricht vielmehr einem idealisierten Typus, wie er häufig in Klimts allegorischen Gemälden anzutreffen ist. Zudem gibt es von Klimt nahezu keine Selbstbildnisse, er hat es sogar dezidiert abgelehnt, sich selbst darzustellen. Vermutlich hat Klimt gar nicht beabsichtigt, auf diesem Bild irgendwelche konkre-

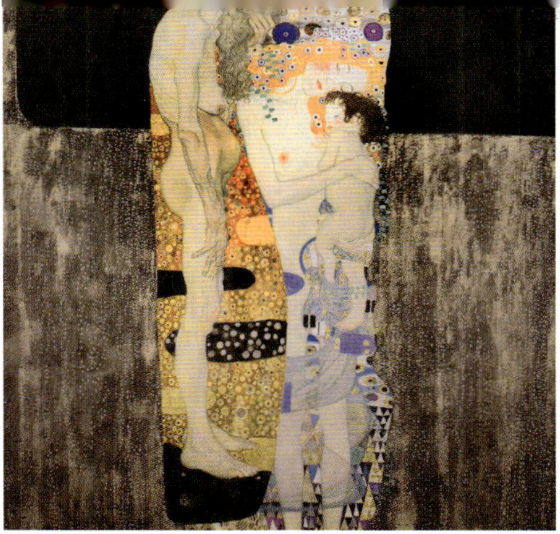

Die drei Lebensalter, 1905, Öl auf Leinwand, 180 × 180 cm

ten Personen zu verewigen, sondern hat versucht, eine allgemeingültige Aussage über die Liebe als zentrales Thema im menschlichen Leben zu treffen. Dass ihm dies hervorragend gelungen ist, beweist die Tatsache, dass auch heute das Bild unmittelbar und emotionell zu berühren vermag – und dies sogar weltweit, wie seine einzigartige Popularität beweist.

WEITERE WERKE DER GOLDENEN PERIODE

In seiner Goldenen Periode widmet sich Klimt vor allem tiefgründigen, allegorischen Themen. Diese erhalten durch den Glanz des Goldes eine besondere Bedeutung und werden gleichsam in eine andere Realitätsebene versetzt. Zu ihnen zählt etwa das großformatige Gemälde *Die drei Lebensalter* von 1905. In der simultanen Präsentation einer jungen Mutter mit ihrem Baby neben einem greisen Frauenakt rückt Klimt den Gedanken der Hinfälligkeit des menschlichen Lebens in den Vordergrund. Die Figuren werden von farbintensiven, biomorph und organisch wirkenden Dekorflächen umspielt, die sich effektvoll von dem bronzefarbenen, aus einer Unmenge kleiner, heller Punkte gestalteten Hintergrund abheben, der den Eindruck eines kühlen Regenschauers vermittelt.

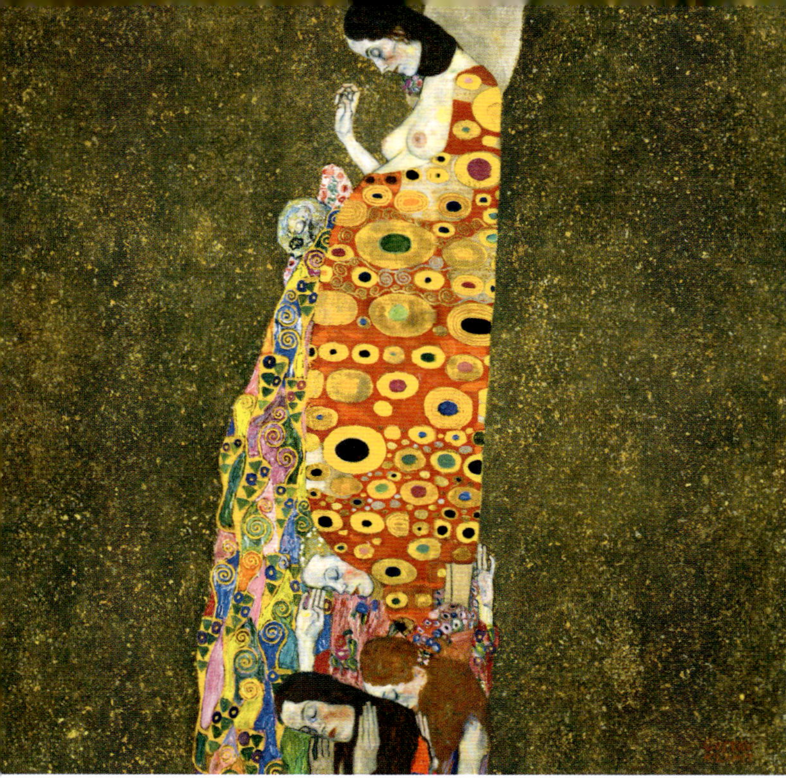

Die Hoffnung II, 1907/08, Öl und Gold und Silberornamente auf Leinwand, 110 × 110 cm

Kosmischer Sternenstaub. Und auch im Gemälde *Die Hoffnung II*, das exakt zur gleichen Zeit wie *Der Kuss* entsteht, kehrt der kosmische Sternenstaub wieder, diesmal als Hintergrund für eine Allegorie der Hoffnung, die Klimt in der Gestalt einer hochschwangeren jungen Frau zur Darstellung bringt. Höchst effektvoll kontrastiert der Meister in den ovalen Formen, die das Kleid der Frau schmücken, satte, leuchtende Rottöne mit dem glänzenden Gold und hebt dadurch ihre Bedeutung als Symbol für werdendes Leben hervor, während der Totenkopf, der über dem Bauch der Schwangeren auftaucht, die permanente Bedrohung der Auslöschung von Leben symbolhaft anzudeuten scheint.

Klimts Ateliers

Die Umstände haben Klimt an einen lärmenden Platz im Wiener Kunstleben gestellt, aber er war im Grunde ein scheuer Mensch, dem vor allem In-die-Öffentlichkeit-Treten graute. […] Hinter die Mauer, die Klimt um sich errichtet hatte, haben auch seine Freunde kaum jemals blicken dürfen.

Hans Tietze, 1919

Als gefeierter Maler und Porträtist weiß Gustav Klimt um die Bedeutung eines standesgemäßen Auftretens. Auf vielen überlieferten Fotos besticht er durch eine gediegene Erscheinung, vom braungebrannten Teint über Smoking bis zum würdevollen Blick in die Kamera. Zweifellos ist Klimt eine attraktive Erscheinung, in zeitgenössischen Berichten wird häufig seine maskuline Ausstrahlung besonders hervorgehoben. Wenngleich Klimt als stadtbekannte Persönlichkeit zahlreichen gesellschaftlichen Verpflichtungen nachzukommen hat, empfindet er diese selbst eher als belastend. Die vielen Einladungen, Empfänge und Kommissionssitzungen reißen ihn aus seiner Arbeit heraus, die er durch ein eisernes Tagesritual gewährleistet wissen will. Die Basis dafür bildet sein Atelier, das Klimt stets lediglich zur Arbeit, nicht aber für Wohnzwecke verwendet.

DAS ATELIER IN DER JOSEFSTÄDTER STRASSE (1892–1911)

Von 1892 bis 1911 arbeitet Klimt in einem ebenerdigen, frei stehenden Ateliergebäude im Hinterhof eines Mietshauses, das sich an der Adresse Josefstädter Straße 21 im achten Wiener Gemeindebezirk befindet und von einem efeuumrankten

Moritz Nähr, Gustav Klimt vor seinem Atelier Josefstädter Straße, 1911

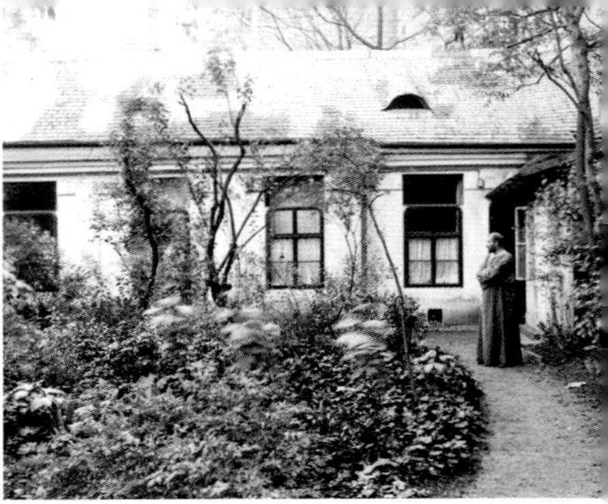

Garten umgeben ist. Aus dieser Grünoase schöpft Klimt auch intensive Natureindrücke. Das Innere dieses Gebäudes ist lediglich durch ein einziges Foto dokumentiert, das allerdings nicht den eigentlichen Arbeitsraum, sondern einen Vorraum zu diesem zeigt. Darauf sind einige kostbare Möbelstücke zu erkennen, die die Wiener Werkstätte nach Entwürfen von Josef Hoffmann 1903 für den Meister angefertigt hat.

Das Atelier bedeutet für Klimt den Rückzug ins Private. Hier ist der Ort, wo er sich von allen gesellschaftlichen Verpflichtungen befreit fühlt. Hier trägt Klimt auch vorzugsweise sei-

Moritz Nähr, Aufnahme vom Vorraum zum Arbeitsraum im Atelier Josefstädter Straße, 1911

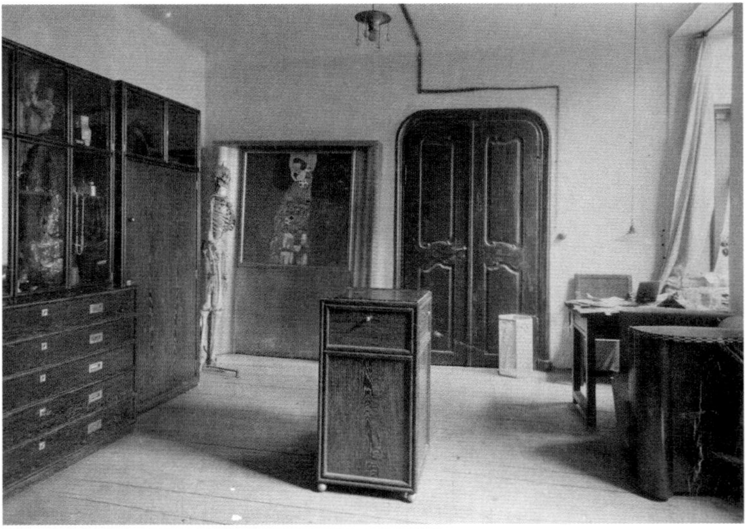

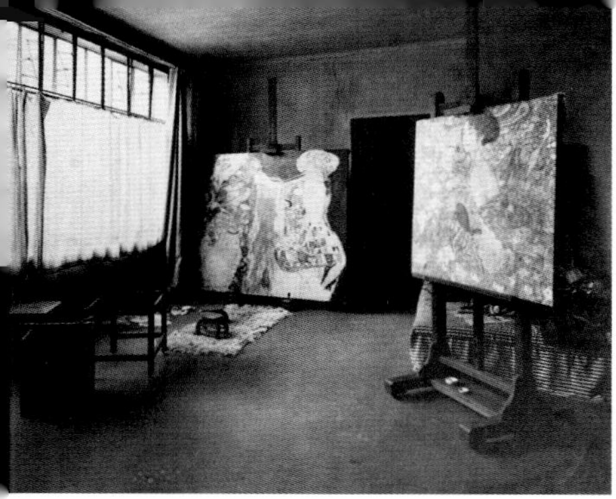

Moritz Nähr, Arbeitsraum im Atelier Feldmühlgasse, 1918

nen legendären blauen Malerkittel, der ihm ein feierliches, geradezu priesterliches Auftreten verleiht. Nur geladene Gäste, Modelle, Porträtkunden, Auftraggeber und Käufer seiner Bilder haben Zutritt zum Atelier. Selbst bei Kenntnis der Adresse hat man keine Chance, zu Klimt vorzugelangen, sofern man keine Verabredung mit dem Meister hat. Um sich lästige, ungebetene Besucher vom Leib zu halten, vereinbart Klimt sogar bestimmte Klopfzeichen, mit denen sich der jeweilige Besucher bei der Tür bemerkbar zu machen hat, um eingelassen zu werden.

DAS ATELIER IN DER FELDMÜHLGASSE (1911–18)

1911 muss Klimt aus seinem Atelier ausziehen, weil die Liegenschaft einem Neubau zu weichen hat. Im noblen Wiener Vorort Hietzing, in der Feldmühlgasse 11, findet der Meister ein neues Atelier, das er bis zu seinem Tod in Verwendung haben wird. Es handelt sich um ein Gartenhaus, das zu einer an der Hietzinger Hauptstraße gelegenen Villa gehört und von einem großen Garten umgeben ist, den Klimt besonders liebt und worin er seine Lieblingsblumen pflanzen lässt. Er schätzt die Abgeschiedenheit dieses Platzes und schottet sich mit zunehmendem Alter immer mehr von der Außenwelt ab. Hier schafft Klimt mit den Worten von Arthur Roessler „in streng gehüteter, monatelang währender einsiedlerischer Zurückgezogenheit schweigend und immer emsig an seinem Werk.“ Aus dem Jahr 1917 hat sich ein Notizbuch erhalten, dessen Eintragungen zufolge sich Klimt an insgesamt 265 Wochentagen in seinem Atelier aufgehalten hat. Mit der Arbeit beginnt

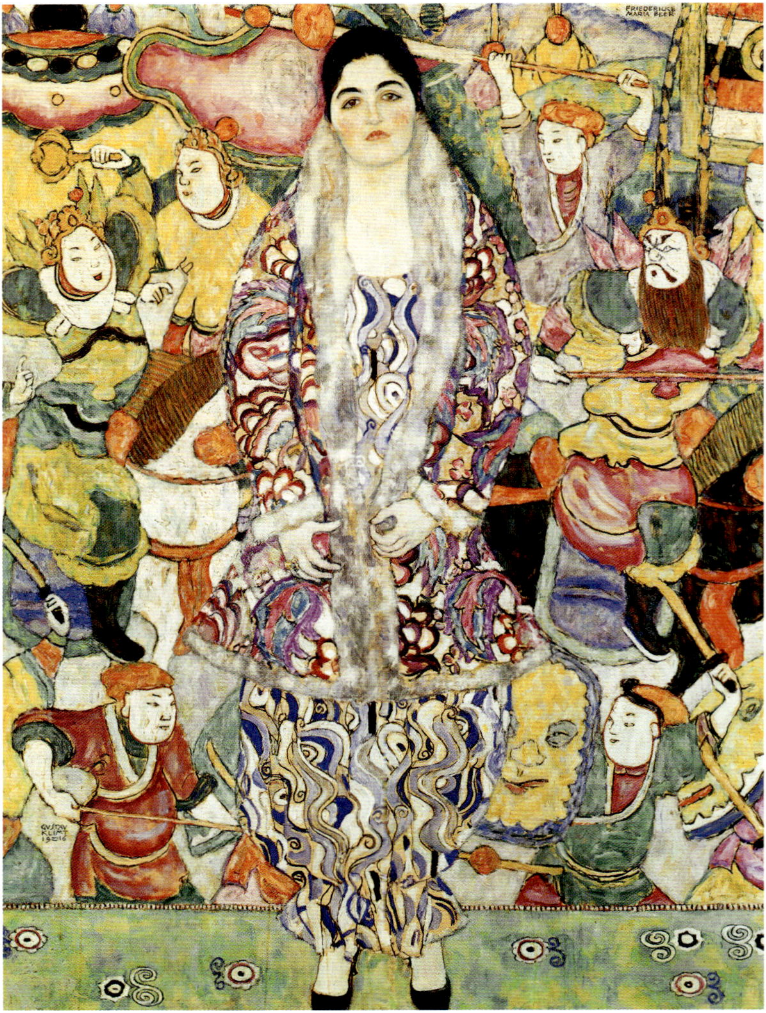

er stets morgens um halb neun, neun, spätestens jedoch um zehn Uhr und bleibt dann bis zum Abend dort. Die Abende widmet er den gesellschaftlichen Kontakten und häufigen Theater- und Konzertbesuchen, zu denen ihn – wie gesagt – regelmäßig Emilie Flöge begleitet.

Bildnis Friederike Maria Beer, 1916,
Öl auf Leinwand, 168 × 130 cm

Anders als im Atelier in der Josefstadt kann Klimt im Hietzinger Atelier auch seine eigene Kunstsammlung wesentlich effektvoller präsentieren. Der durch die Fotografien von Moritz Nähr überlieferte Einblick in den Vorraum zum eigentlichen Arbeitsatelier verrät eine geradezu museale Präsentation der japanischen Holzschnitte. Klimts umfangreiche Sammlung an Asiatika und Objekten aus anderen Kulturkreisen bildet einen beeindruckenden Blickfang für die Besucher und dient auch dem Meister selbst immer wieder als willkommene Inspirationsquelle für seine eigenen Arbeiten.

So wie bereits im Josefstädter Atelier gehen auch in der Feldmühlgasse die Aktmodelle ein und aus. Dabei führt Klimt genaue Aufzeichnungen darüber, welche Modelle er zu welchem Zeitpunkt in sein Atelier bestellt. Sie halten sich allerdings nicht im selben Raum auf, in welchem Klimt die Porträts der noblen Wiener Damenwelt malt. Friederike Maria Beer, nach ihrer Eheschließung Beer-Monti, an deren Bildnis Klimt über viele Monate arbeitet, erinnert sich etwa an die Porträtsitzungen für ihr Bild, die jeweils lang gedauert haben und in denen der Meister zwischendurch oft eine Pause eingelegt hat: „Im übrigen habe er die Arbeit jede Stunde unterbrochen, um auf geraume Zeit im Nebenzimmer sich im Gespräch mit den ständig anwesenden Modellen zu entspannen." Während dieser Gespräche zeichnet Klimt die Modelle auch, der flüchtige Bleistift verschafft ihm offensichtlich Erholung von der anstrengenden Arbeit an der Staffelei.

Zerstreuung bieten ihm schließlich auch die vielen Katzen, die sein Atelier bevölkern. „Sechs, acht und mehr Katzen trieben sich darin umher [...]", erinnert sich Klimts späterer Biograf,

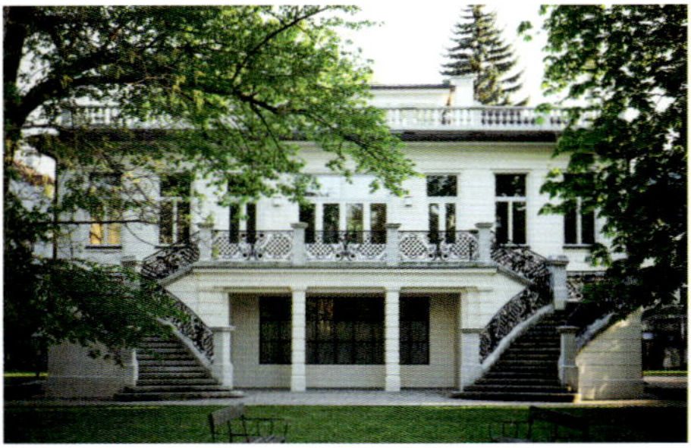

Atelier Feldmühlgasse, heutiger Zustand

Emil Pirchan, bei seinen Besuchen in Klimts Atelier. Die vielen Studien, die Klimt von seinen Modellen anfertigt, liegen achtlos am Boden herum und sind auch nicht vor dem Zugriff seiner Katzen geschützt, die im Atelier herumtollen, wie Arthur Roessler in seinen Erinnerungen an Gustav Klimt später festhält: „Ich selbst sah in Klimt's Werkstatt übermannshohe Stapel an Studienblättern, darunter Dutzende, die dasselbe Motiv behandeln [...]. Als ich einmal bei Klimt saß und in einem Halbtausendblatthaufen kramte, umgeben von acht oder zehn mauzenden und schnurrenden Katzen, die spielend einander jagten, daß die raschelnden Studienblätter nur so stoben, frage ich verwundert, warum er dieses Treiben dulde, das hunderte der schönsten Zeichnungen verdürbe. Schmunzelnd entgegnete Klimt: ‚No mein, wenn sie auch das eine oder andere Blatt zerknittern und zerreißen, das macht nix; dafür wischerln's auf die anderen, und wissen's, das ist das beste Fixativ!'" Eine der sympathischsten Aufnahmen, die wir von Klimt kennen, ist gewiss diejenige, die Klimt vor seinem Atelier mit einer Katze auf dem Arm zeigt.

Glücklicherweise haben sich Klimts Atelierräume in der Feldmühlgasse trotz zahlreicher nachträglicher Umbauten in ihrer Substanz erhalten. Nach Jahrzehnten anderweitiger Nutzung befindet sich heute in diesen Räumen eine repräsentative Gustav-Klimt-Gedenkstätte, in denen neben Ausstellungen auch diverse Veranstaltungen stattfinden.

Moritz Nähr, Gustav Klimt mit Katze, 1911

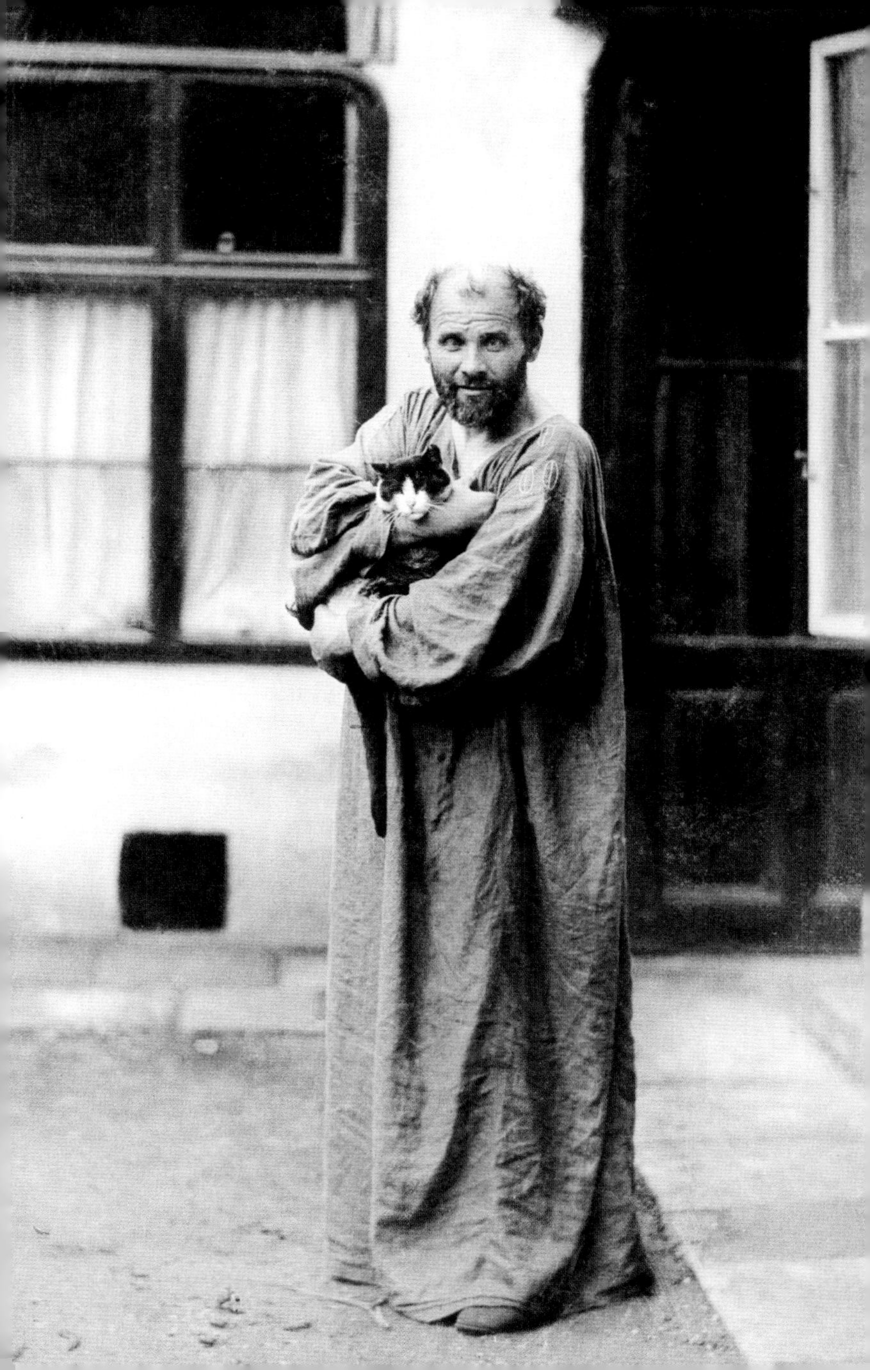

Klimts Geliebte und Klimts Kinder

Immer wieder ist in der Literatur von 14 illegitimen Kindern zu lesen, für die bei Klimts Tod Ansprüche erhoben worden sein sollen. Für diese Vermutung gibt es allerdings keinerlei Beweise. Bekannt ist hingegen, dass Gustav Klimt aus drei Verbindungen mit Frauen, die zugleich als Modelle für ihn gearbeitet haben, insgesamt sechs Kinder hatte. Als erstes wurde Gustav Ucicky (1899–1961) geboren. Dessen Mutter Maria Ucicka (1880–1928) stammte aus Prag und war in Klimts Haushalt tätig. Sohn Gustav war später als erfolgreicher Filmregisseur tätig und besaß sogar eine Sammlung von Gemälden seines berühmten Vaters. Zwei Monate nach der Geburt von Gustav Ucicky brachte ein weiteres Modell, Marie Zimmermann, genannt Mizzi (1879–1975), gleichfalls einen Gustav (1899–1976) zur Welt, dessen Vater ebenfalls Klimt war. Klimt hat Mizzi Zimmermann in zahlreichen Zeichnungen und auch einigen Gemälden dargestellt, unter anderem in dem 1899 entstandenen Gemälde *Nuda Veritas*. Gustav Zimmermann wurde Kraftfahrer und arbeitete als Filmvorführer, später war er in der Werbebranche tätig. Mizzi Zimmermanns zweites Kind von Klimt, Otto Zimmermann (geb. 1902), starb noch im Jahr seiner Geburt. Schließlich lernte Klimt 1911 die damals erst 14-jährige Consuela Camilla Huber (1896–1978) kennen, die ihm in den darauffolgenden Jahren drei Kinder schenkte, nämlich Gustav (1912–1989), die im Kindesalter verstorbene Charlotte (1914–1915) und Wilhelm (1915–1943). Gustav Huber war zunächst als Kellner beschäftigt, bevor er viele Jahre erfolgreich in einem Versicherungsunternehmen tätig war.

Klimts Rolle als Familienvater blieb der Öffentlichkeit völlig verborgen. Ein Grund dafür war sicherlich, dass die Mütter seiner Kinder einer sozial tiefer stehenden Schicht angehörten. Klimt, der selbst aus armen Verhältnissen stammte, wusste, was er der gesellschaftlichen Oberschicht, zu der er schließlich nun gehörte, schuldig war und achtete darauf, diese Schichten nicht miteinander zu vermischen. Es gab Zeiten, in denen Klimt regen Anteil am Alltag seiner Familien nahm, und auch dann, wenn kein unmittelbarer Kontakt zu ihnen bestand, sorgte er finanziell für sie.

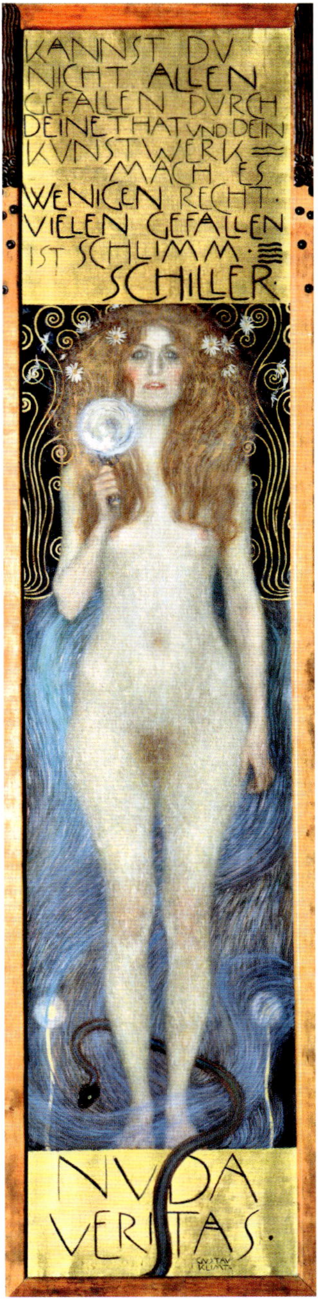

Nuda Veritas, 1899,
Öl auf Leinwand,
252 × 56,2 cm

Der Stocletfries

Mein armer Ritter wird ganz schwach und grün – der Dessin seines Kleides ist zu viel „gebuckelt", die Veränderung des Metalls aber nicht schlecht.

Gustav Klimt aus Brüssel an Emilie Flöge, 18. Mai 1914

Für das Speisezimmer des Palais Stoclet in Brüssel entwirft Klimt zwischen 1905 und 1910 einen einzigartigen Mosaikfries, der 1911 von den Mitgliedern der **Wiener Werkstätte*** ausgeführt wird. Die Idee des zweidimensionalen Frieses, die mit dem Beethovenfries ihren Anfang genommen hat, findet hier in Form eines vielgestalteten Materialreliefs ihre Fortsetzung und zugleich ihre Krönung.

DER AUFTRAG

Der aus Brüssel stammende Finanzfachmann, Ingenieur und Unternehmer Adolphe Stoclet und seine Frau Suzanne halten sich von 1902 bis 1904 in Wien auf und zeigen großes Interesse an der neuesten Entwicklung des Wiener Jugendstils. Sie sind bereits mit dem Architekten Josef Hoffmann im Gespräch für den Neubau eines Palais auf der Hohen Warte am Wiener Stadtrand. Die Rückberufung des Bankiers nach Brüssel verhindert zwar diesen Plan, doch realisiert Adolphe Stoclet sein Projekt nun in Brüssel, gemeinsam mit Hoffmann als leitendem Architekten und der Wiener Werkstätte, die mit der Inneneinrichtung des Baus beauftragt wird. Das nach Hoffmanns Plänen von 1905 bis 1911 an der Avenue de Tervuren errichtete Palais Stoclet gilt bereits zum Zeitpunkt seines Entstehens als das bedeutendste Zeugnis des Wiener Jugendstils, wofür

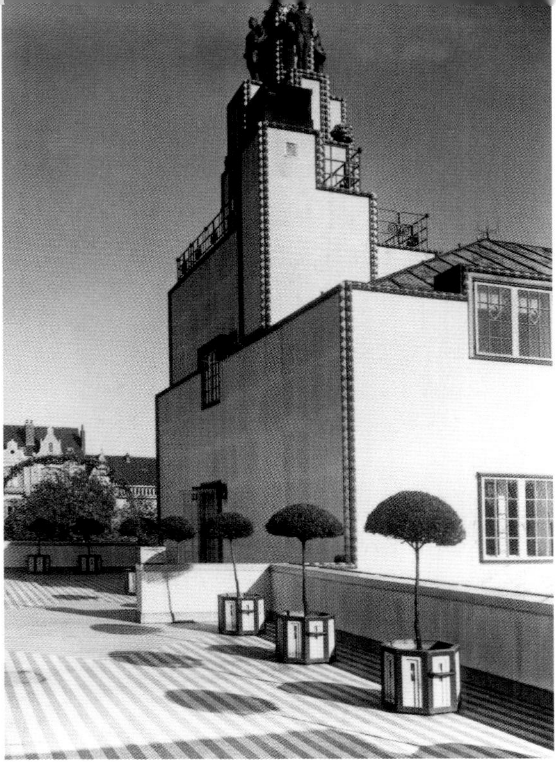

Palais Stoclet, Brüssel, errichtet 1905–11

sich – selbst in Wien – nichts Vergleichbares findet. Zudem hat das Palais samt seiner einzigartigen Ausstattung auch in späterer Zeit weitgehend unverändert seinen Originalzustand bewahrt und findet sich heute mittlerweile auf der Liste des UNESCO-Kulturerbes der Menschheit.

DER ENTWURF

Entsprechend den Wünschen des Auftraggebers, der für diesen Bau geradezu unbegrenzte finanzielle Mittel zur Verfügung stellt, soll auch das Innere des Palais zur Gänze von Wiener Künstlern und Mitarbeitern der Wiener Werkstätte gestaltet werden. Unter anderem wird auch Klimt beauftragt, für das Speisezimmer einen Mosaikfries, den sogenannten Stocletfries,

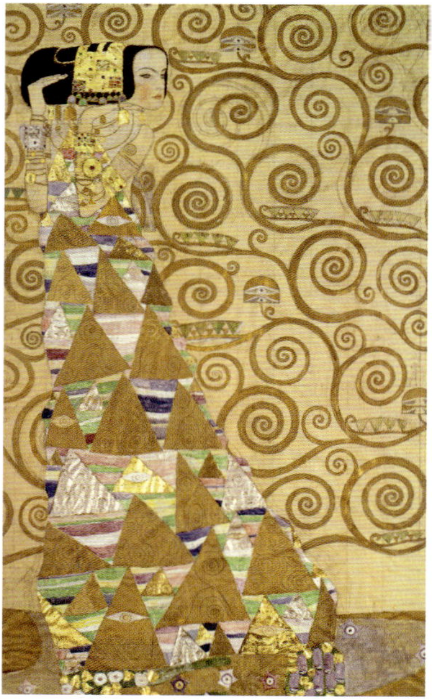

Stocletfries (Entwurf), **Tänzerin (Die Erwartung)**, 1909–11, Mischtechnik auf Papier, 193,5 × 115 cm

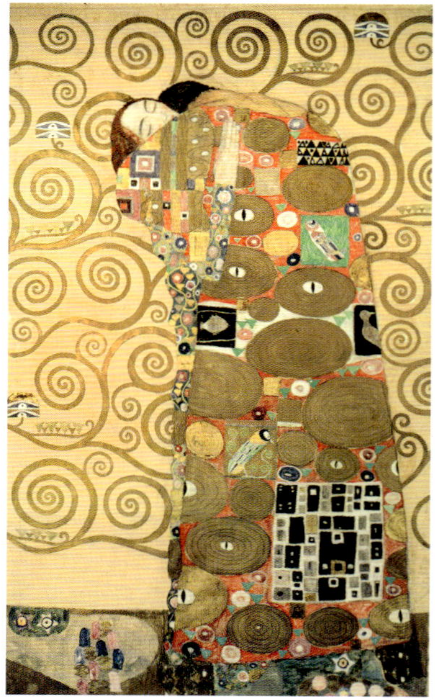

Stocletfries (Entwurf), **Umarmung (Die Erfüllung)**, 1909–11, Mischtechnik mit Blattgold auf Papier, 194 × 121 cm

zu entwerfen. Klimt sieht vor, dass sich der Fries entlang der beiden Längswände des Speisezimmers auf jeweils sieben Meter Länge erstreckt und auch die der Fensterwand gegenüberliegende Schmalwand bedeckt. Als Motive wählt Klimt einen in goldene Ornamentspiralen verästelten, mit Blüten, Schmetterlingen und Vögeln belebten Lebensbaum, der auf einer goldenen, mit Blüten übersäten Wiese steht. Die Motive erscheinen an den beiden Längswänden weitgehend spiegelgleich, mit Ausnahme von jeweils einem großen figürlichen Motiv. Dieses wird auf einer Wand von einer exotisch anmutenden Frauengestalt, der *Tänzerin*, bezeichnet auch als *Die Erwartung*, gebildet, auf der anderen Wand erblickt man die Gruppe *Umarmung*, auch *Die Erfüllung* genannt.

Um mit dem Auftraggeber vor Ort über die Gestaltung des Frieses zu sprechen, fährt Klimt 1906 erstmals selbst nach Brüssel. Doch geraten in den darauffolgenden Jahren seine Entwürfe ins Stocken. Erst im Sommer 1910 widmet sich Klimt auf Drängen Hoffmanns wieder intensiv dem Auftrag. Er ist so sehr im Rückstand, dass er die Entwürfe sogar an den Attersee nach Oberösterreich mitnimmt, wo er wie gewohnt einige Wochen gemeinsam mit Emilie Flöge verbringt und unter großem Zeitdruck auch dort an den Entwürfen arbeitet. Emilie Flöges Nichte Helene erinnert sich später, dass sogar Emilie selbst Gustav beim Vergolden der Zeichnungen unterstützt hat.

DIE AUSFÜHRUNG

Klimts Entwurf wird von den künstlerischen Kräften, die für die Ausführung dieses monumentalen Frieses als Mosaik in Stein, Glas, Email, Keramik und Metall zuständig sind, bereits sehnlichst erwartet. Sie benötigen noch ein ganzes Jahr, um dieses gewaltige Kunstwerk entstehen zu lassen. Die Grundlage des Frieses besteht aus 15 weißen, jeweils zwei Meter hohen Marmorplatten, die von den Wiener Marmorwerken Oreste A. Bastreri geliefert werden. Die Ausführung des Frieses erfolgte in Leopold Forstners Wiener Mosaikwerkstätte. Die keramischen Details stammen von der Firma Wiener Keramik, die Bertold Löffler und Michael Powolny leiten. Sämtliche Emails werden von der Emailschule der Kunstgewerbeschule unter der Leitung von Adele von Stark und Leopoldine Koenig geliefert. Alle getriebenen Metallteile sind Erzeugnisse der Mitarbeiterinnen und Mitarbeiter der Metall- und Goldschmiedewerkstätte der Wiener Werkstätte.

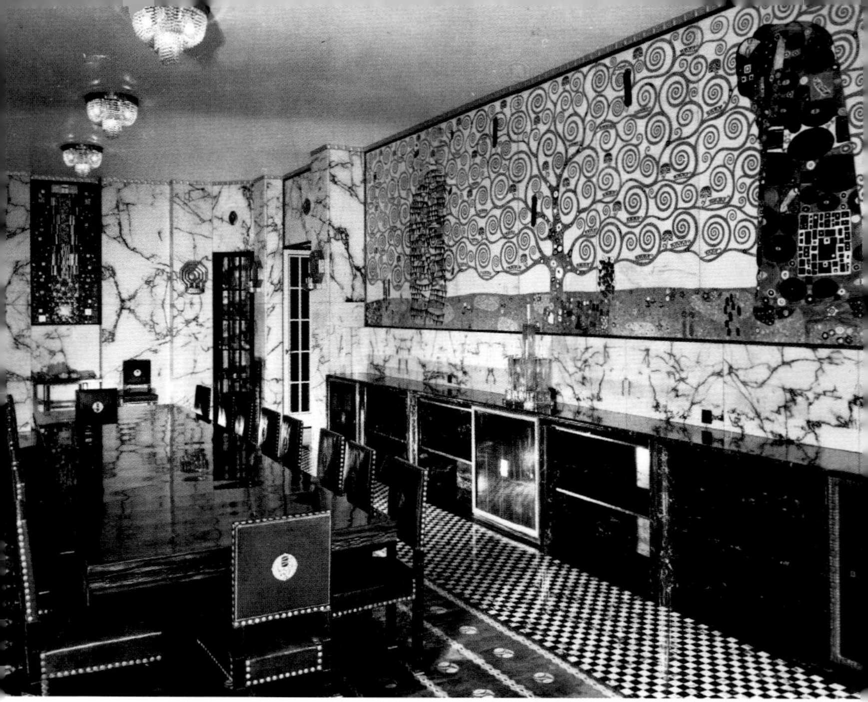

Stocletfries im Speisezimmer des Palais Stoclet, Brüssel, 1909–11, Carrara-Marmor, Gold- und Silbermosaik, farbige Mosaiksteine, Keramik, Email, Perlmutt, Glassteine, Halbedelsteine, getriebenes Kupfer- und Messingblech vergoldet und versilbert, Messingblech, Messingformrohr und Blattgoldauflagen, Längswände je 200 × 738 cm, Stirnwand 200 × 89 cm

Drei Jahre nach Vollendung des Frieses fährt Klimt im Mai 1914 abermals nach Brüssel und logiert, wie bereits bei seinem letzten Brüssel-Aufenthalt, im Palais Stoclet. Klimt berichtet Emilie Flöge postalisch nach Wien, dass er bereits einige materialbedingte farbige Veränderungen an den Mosaiken feststellen müsse. Unter anderem bemerkt er: „Mein armer Ritter wird ganz schwach und grün." Damit meint er das Motiv an der Schmalwand des Speisesaales, das ohne Kenntnis dieser Benennung wie eine dekorativ-abstrakte Komposition wirkt, von Klimt aber durchaus als figürliche Darstellung beabsichtigt war.

INNOVATIONSKRAFT DES ORNAMENTS

Klimt ist selbst der Ansicht, dass der Stocletfries „wohl die letzte Konsequenz [s]einer ornamentalen Entwicklung ist". Zweifellos ist dieser Mosaikfries das eindrucksvollste Ergebnis von Klimts Zusammenarbeit mit der Wiener Werkstätte, und zwar in einer Periode, in der diese Vereinigung für Kunsthandwerk, die handwerkliche Fertigkeit gegen Industrialisierung setzt, an ihrem künstlerischen Höhepunkt steht. Andererseits wird der Charakter des Stocletfrieses vor allem von den Spiralformen des Lebensbaumes geprägt, die der Meister möglicherweise auch aus historischen Vorbildern, etwa der mykenischen Kultur, entliehen hat.

Sicherlich bildet der Stocletfries einen Höhepunkt hinsichtlich der Verwendung geometrischer Ornamentformen in Klimts Schaffen. Zugleich finden sich in Klimts Werken aber auch rundliche und amorphe Ornamentformen, deren Weichheit und Beweglichkeit an organische Substanzen erinnern. Eine Inspiration dafür hat Klimt unter anderem in naturwissenschaftlichen Vorträgen gefunden, bei denen man beispielsweise zum ersten Mal mikroskopische Aufnahmen von menschlichen Zellen, auch von Eizellen und Samenzellen, vorgeführt hat. Solche biomorphen Formen, oft bereichert mit ungewöhnlichen Farben, finden gleichfalls Eingang in den reichen Formenschatz von Klimts Ornament. Klimts eigenwillige Ornamentformen entwickeln eine gestalterische Eigendynamik, eine schöpferische Autonomie, die auch als Bestreben nach Auflösung der Gegenständlichkeit gelesen werden kann. Unter diesem Aspekt lassen sich die Werke durchaus auch als Auseinandersetzung des Künstlers mit abstrahierenden Tendenzen der Kunst seiner Zeit interpretieren.

Die Damenporträts

Untrennbar ist Klimts Schaffen mit einer besonderen Meisterschaft im Genre Porträt verbunden. Erstaunlicherweise widmet er sich fast ausschließlich weiblichen Porträts, Bildnisse von Männern sind höchst selten und datieren ausschließlich in die ganz frühen Jahre. Gerade im Porträtschaffen variieren Klimts Gestaltungsmöglichkeiten in einer Dichte und Raschheit, wie dies etwa bei den allegorischen Darstellungen oder den Landschaften nicht der Fall ist. In jedem Bildnis sucht der Meister nach neuen Ideen; keine Komposition gleicht der anderen. Mithilfe einer Vielzahl von Bleistiftstudien tastet sich Klimt zunächst langsam an die ihm perfekt erscheinende Körperhaltung des Modells heran. Die Porträtsitzungen verlangen in ihrer Häufigkeit und langen Dauer den Damen ein besonders hohes Maß an Geduld ab. Das Resultat sind jedoch Kunstwerke von höchstem Können. Klimts Bildnisse ähneln juwelengleichen Kostbarkeiten, die virtuose gestalterische Raffinesse mit subtiler psychologischer Charakterisierung verbinden.

DIE AUFTRAGGEBER

Die Auftraggeber für Klimts Porträts zählen zur wohlhabenden Gesellschaftsschicht der Stadt, manche zu den Reichsten des Landes, wie etwa die Familien Wittgenstein, Bloch-Bauer, Lederer oder Primavesi. Sie alle eint die Begeisterung für Klimts Werk, einige von ihnen, wie Ferdinand und Adele Bloch-Bauer oder August und Serena Lederer, besitzen sogar umfangreiche Sammlungen seiner Gemälde. In diesen Bildnissen treten die Damen des Wiener Großbürgertums dem Betrachter wie Fürstinnen gegenüber. Klimt versteht es, seinen Modellen zu schmeicheln, ohne jedoch der Gefahr von Oberflächlichkeit oder Banalität zu erliegen.

Ein Klimt'sches Farbengedicht [auf] die Schönheit der Wiener Frauen. Denn nicht mehr die eine einzelne scheint hier dargestellt zu sein, sondern der Rausch und Liebreiz einer ganzen Stadt, wie er im Weibe juwelenhaft aufglüht und schmetterlinghaft-gaukelnd uns ergötzt. Franz Servaes, 1903

Für diese Meisterschaft und den großen Aufwand, den der Meister für jedes seiner Bildnisse betreibt, sind die Auftraggeber aber auch bereit, ein Vielfaches von dem zu bezahlen, was andere Maler für Porträts verlangen. So teilt Klimt 1904 Karl Wittgenstein, der eben das Porträt seiner Tochter Margarethe in Auftrag gegeben hat, mit: „Ich kann daher nur den jetzigen Curs meiner lebensgroßen Portraits nennen und der beläuft sich auf ca. 5.000 Gulden". Diese Summe entspricht dem Gegenwert von rund 10.000 Kronen. Um welche Dimensionen es hier geht, macht etwa der Vergleich mit dem Hauskauf des Fabrikanten Moriz Gallia um die Jahrhundertwende deutlich, der eine stattliche Villa im Salzkammergut für 40.000 Kronen erwirbt, die gesamte Einrichtung bereits inbegriffen. Klimts gewaltige Verkaufssummen stehen in krassem Gegensatz zu den kargen Verdiensten eines Durchschnittsbürgers, etwa zum Jahreseinkommen eines Volksschullehrers, das sich damals durchschnittlich auf nur rund 1.200 Kronen beläuft. Dennoch nutzt Klimt, der somit zu den bestverdienenden Künstlern seiner Zeit zählt, dieses Privileg keineswegs aus, sondern bleibt bei seiner Devise, sich pro Jahr lediglich ein bis zwei Bildnissen zu widmen, auch wenn er aufgrund der Nachfrage wesentlich mehr Bildnisse schaffen könnte.

Bildnis Sonja Knips, 1897/98,
Öl auf Leinwand, 145 × 146 cm

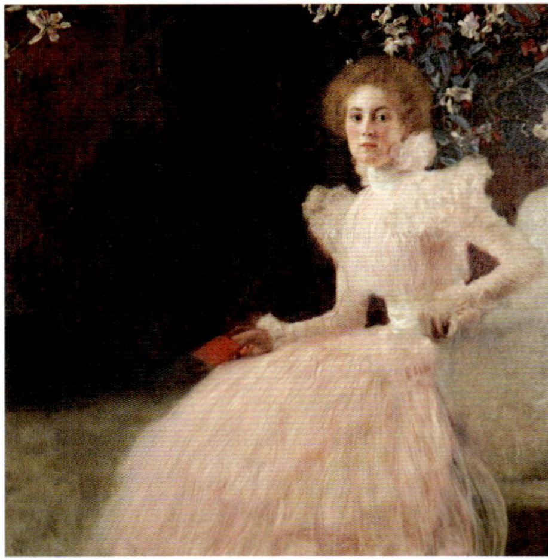

BILDNIS SONJA KNIPS

Im 1897/98 entstandenen *Bildnis Sonja Knips* setzt der junge Klimt erstmals im Porträtfach entscheidende künstlerische Maßstäbe. Bemerkenswert ist vor allem eine neuartige Malweise, die deutlich Einflüsse des schon damals berühmten amerikanischen Malers James Abbott McNeill Whistler zeigt. Dazu zählt etwa der weiche, sfumatoartige Farbauftrag, der an Pastellbilder erinnert und bewirkt, dass die Konturen leicht verschwommen erscheinen. Die zarte Stofflichkeit des Seidenkleids gelangt dadurch besonders gut zur Geltung. Bemerkenswert ist zudem der vieldeutige, geheimnisvolle Blick, mit dem die Dargestellte ihr Gegenüber fixiert. Wie bei vielen Damen, die von Klimt im Laufe der Jahre porträtiert worden sind, ist auch hier über eine besondere Beziehung des Malers zur Dargestellten gerätselt worden. Tatsächlich ist Sonja Knips (1873–1959), geborene Freifrau Potier des Echelles, bereits seit Längerem mit Klimt befreundet. Zum Zeitpunkt des Entstehens ihres Porträts ist sie mit dem Großindustriellen Anton Knips verheiratet. Später erwirbt sie noch weitere Werke des Künstlers.

Das Bildnis von Sonja Knips wird auf der II. Ausstellung der Wiener Secession im November/Dezember 1898 der Öffentlichkeit präsentiert. Es gilt als erstes Beispiel jenes „neuen Stils“, mit dem Klimt sich vom akademischen Realismus seines Frühwerks gelöst hat.

BILDNISSE VON MARGARET STONBOROUGH-WITTGENSTEIN UND FRITZA RIEDLER

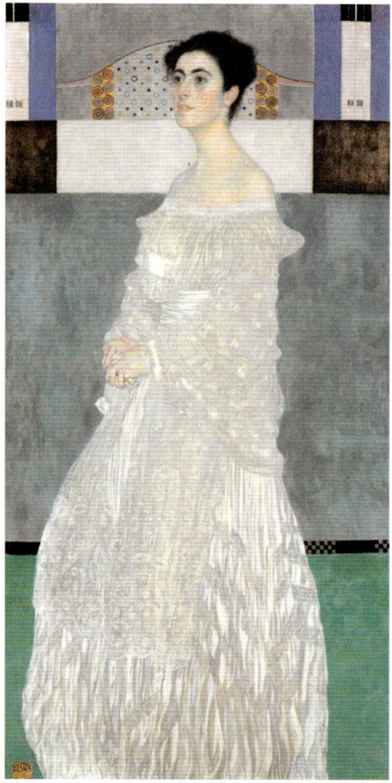

Bildnis Margaret Stonborough-Wittgenstein, 1905, Öl auf Leinwand, 180 × 90 cm

Den sfumatoartig gestalteten Bildnissen folgen kurze Zeit später Porträts, die überraschend präzise, scharfe Konturen aufweisen und einen erstaunlichen Detailrealismus an den Tag legen. Die Präzision dieser Darstellungen wird dadurch verstärkt, dass auch die Hintergründe häufig aus scharfkantigen geometrischen Flächen gebildet werden. Herausragende Beispiele für diesen veränderten Porträtstil sind etwa das Bildnis von Margaret Stonborough-Wittgenstein von 1905 und jenes von Fritza Riedler aus dem Jahr 1906. Möglicherweise ist Klimt zu dieser neuen Darstellungsweise durch den Auftrag für das Porträt von Margaret Stonborough-Wittgenstein (1882–1958), jüngste Tochter des vermögenden Stahlmagnaten und Kunstmäzens Karl Wittgenstein und Schwester des berühmten Philosophen Ludwig Wittgenstein, motiviert worden, insbesondere in Hinblick auf das Ambiente, welches das Porträt umgeben sollte. Denn das Bildnis entsteht anlässlich der Verlobung von Margaret Wittgenstein mit Jerome Stonborough; kurz darauf lässt

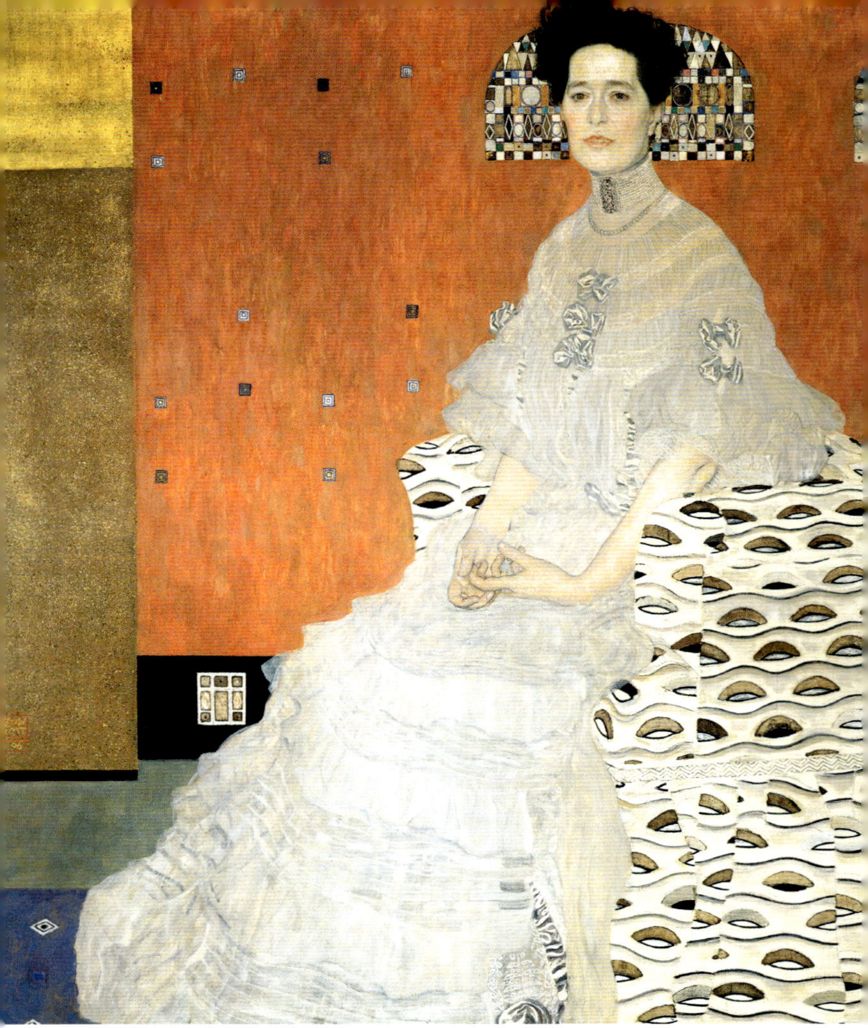

Bildnis Fritza Riedler, 1906, Öl auf Leinwand, 153 × 133 cm

das junge Paar seine Wohnung in Berlin von der Wiener Werkstätte im neuesten puristischen Stil ausstatten. Einen vergleichbaren Purismus praktiziert Klimt auch im Hintergrund des Porträts mit seinen kalkuliert angeordneten, geometrischen Farbfeldern.

Das *Bildnis Fritza Riedler* stellt das Porträt der in Berlin geborenen Friederike Langer (1860–1927) dar, die den aus Graz stammenden und an der Technischen Hochschule in Berlin-Charlottenburg tätigen Professor Alois Riedler geheiratet hat. Fritza Riedler hält sich häufig auch in Wien auf. In ihrem Bildnis lässt sich eindrucksvoll nachvollziehen, wie Klimt den Stoff des Kleides und Gesicht und Hände der Dargestellten auf akribische Weise wiedergegeben hat. Diesem Detailrealismus stellt Klimt zweidimensional gestaltete, nahezu abstrakte, geometrische Formen gegenüber, wie sie sich etwa im dekorativen Muster des Armlehnstuhls und in der Gestaltung des Bildhintergrunds finden. Ein solcher Gegensatz von Hyperrealismus und ornamentaler Abstraktion stellt eine der großen Innovationen Klimts dar, die seine Kunst über jene des Jugendstils weit hinausführt.

In den Bildnissen lässt sich Klimts stilistische Entwicklung, die etwa ab 1910 eine neuerliche Wendung nimmt, besonders deutlich ablesen. Spätestens 1909, als die Klimt-Gruppe die Internationale Kunstschau veranstaltet und unter anderem zahlreiche Werke von Vertretern der deutschen und französischen Avantgarde präsentiert, wird Klimt verstärkt mit den neuesten Strömungen der künstlerischen Avantgarde konfrontiert. Auch die Reise nach Paris, die Klimt gleichfalls 1909 unternimmt, macht ihn mit neuen Kunstrichtungen, unter anderem mit dem Fauvismus, vertraut. Die Resultate dieser Anregungen sind unter anderem ein wesentlich offener, dynamischer wirkender Pinselstrich und eine noch größere Fülle an Farbkontrasten und Farbkombinationen.

BILDNIS ADELE BLOCH-BAUER II

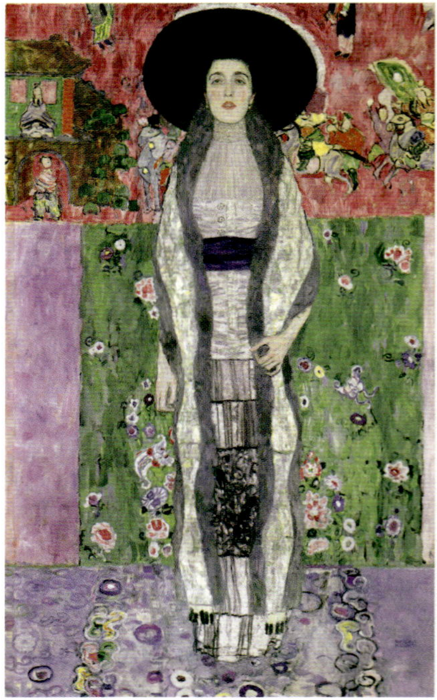

Bildnis Adele Bloch-Bauer II, 1912, Öl auf Leinwand, 190 × 120 cm

Eines jener Werke Klimts, in denen diese neuen künstlerischen Tendenzen erstmals augenfällig werden, ist das zweite Bildnis, das der Meister von Adele Bloch-Bauer schafft. In der Gegenüberstellung ihres 1912 entstandenen Bildnisses mit dem fünf Jahre zuvor vom Meister fertiggestellten ersten Porträt wird Klimts Fortschritt in seinen gestalterischen Möglichkeiten besonders deutlich. Sofort fallen die pastellartigen Farbtöne auf, die nun das jüngere Bildnis charakterisieren und Figur wie Hintergrund gleichermaßen in ein vielfarbiges Flächensystem einbinden. Auffällig ist auch, welchen Stellenwert der Hintergrund erhält, für dessen Gestaltung Klimt nicht nur hier, sondern in vielen weiteren späten Bildnissen gerne ostasiatische Textilien und Wandbilder heranzieht und daraus exotisch wirkende figurale und florale Motive schafft.

ANONYME BILDNISSE

Besonders reizvoll sind auch jene Bildnisse von Damen, die Klimt ohne konkreten Auftrag geschaffen hat. Hier genießt der Maler offensichtlich die Freiheit, nicht von den Erwartun-

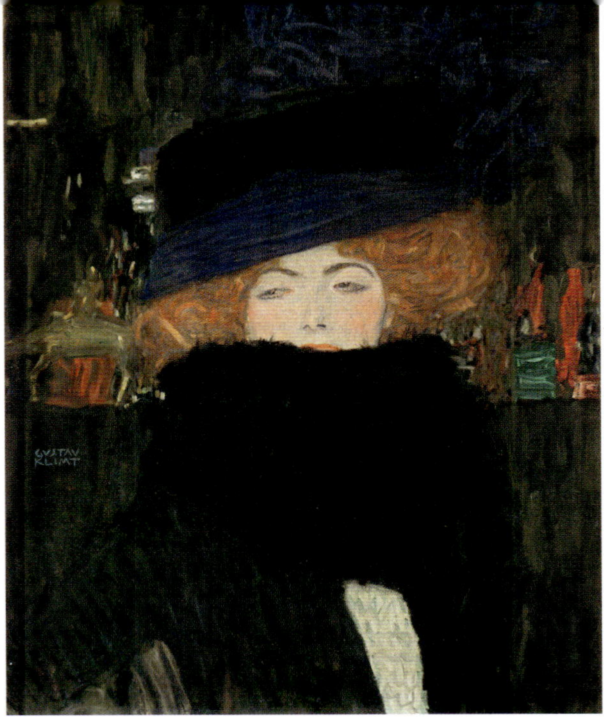

Dame mit Hut und Federboa, um 1910, Öl auf Leinwand, 69 × 55 cm

gen der Auftraggeber eingeschränkt zu sein, und kann seinem Ideal weiblicher Schönheit am deutlichsten Ausdruck verleihen. Häufig zieht er für solche Bildnisse Modelle heran, von denen nur in Ausnahmefällen die Identität bekannt ist. Ein solcher Fall könnte im reizvollen, um 1910 entstandenen Bildnis einer mondän wirkenden jungen Frau vorliegen, das bereits zu Lebzeiten des Künstlers lediglich unter dem Titel *Dame mit Hut und Federboa* ausgestellt wird. Möglicherweise hat der Meister in diesem Bild Hilde Roth dargestellt, die aus gutbürgerlichen Verhältnissen stammt und viele Jahre dem Meister Modell steht, bevor sie später nach Deutschland übersiedelt. Klimt ist in dem Bildnis darauf bedacht, das feurige Rot ihres Haares, wofür diese außerordentlich attraktive Frau bekannt gewesen sein soll, auf seinem Bildnis festzuhalten.

Anonyme Damenbildnisse tauchen auch häufig in Klimts zeichnerischem Werk auf. Gelegentlich kehren in diesen Zeichnungen dieselben Gesichter mehrmals wieder, so etwa im Fall eines nicht näher bekannten Modells, das aufgrund seiner markanten Stupsnase besonders gut wiederzuerkennen ist und von Erich Lederer, einem Freund des Malers, als die „Engländerin" apostrophiert worden ist. Gerade in solchen Bildnissen enthüllt sich Klimts virtuoses Können auch auf zeichnerischem Gebiet und weist ihn als Zeichner von Weltrang aus.

Brustbild einer jungen Dame im Profil nach links, genannt „Engländerin", 1904/05, Bleistift, weiße Kreide, blauer und roter Farbstift auf Japanpapier, 55,2 × 35 cm

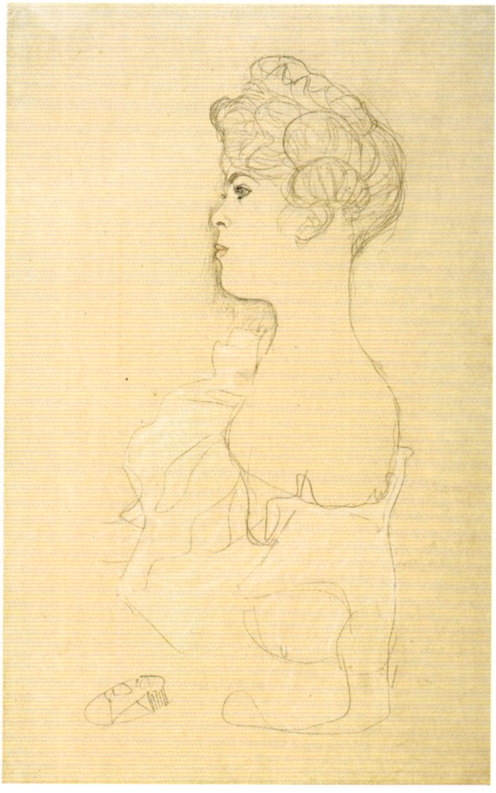

Landschaften am Attersee

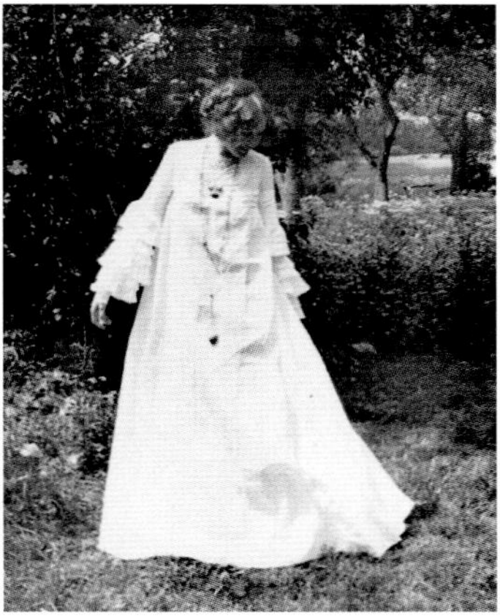

Emilie Flöge in einem Reformkleid in Litzlberg am Attersee, fotografiert von Gustav Klimt, Sommer 1906

Frau Bloch sagt, daß ich gut aussehe, daß der Ausflug mir gut gethan – siehste! Sie hat geglaubt ich war am Attersee.

Postkarte Gustav Klimt an Emilie Flöge, 28. Februar 1912

In den Jahren kurz vor 1900 entdeckt Klimt für sich das Motiv der autonomen Landschaft. Als wichtige Inspirationsquelle dienen ihm dabei die regelmäßigen Sommeraufenthalte auf dem Land. Diese Aufenthalte finden stets in Gesellschaft der Familie Flöge statt. Dies sind die drei Schwestern Flöge, nämlich Pauline, Helene und Emilie, des Weiteren deren Mutter Barbara Flöge sowie Helene Luise, Tochter von Helene Flöge und Gustavs früh verstorbenem Bruder Ernst. Klimts erster gemeinsamer Sommeraufenthalt mit der Familie Flöge findet 1898 in Sankt Agatha am Hallstättersee statt, den Sommer 1899 verbringen sie in Golling an der Salzach bei Hallein. Im Sommer 1900 reist die Gesellschaft erstmals an den Attersee, der von nun an bis 1916 jährlich das Ziel der sommerlichen Reisen sein wird. Der Attersee ist der größte von mehreren Seen, die sich im landschaftlich höchst reizvollen, am Rande der hohen Alpenberge gelegenen Salzkammergut befinden, eine Gegend, die an die Regionen von Oberösterreich, Salzburg-Land und Steiermark grenzt. Um 1900 ist diese Region touristisch bereits bestens erschlossen und dient als beliebtes Ziel für die Sommeraufenthalte städtischer Urlauber. Fast scheint es, als habe Klimt die Inspiration durch das besondere Klima und die Landschaft rund um den Attersee gebraucht, um überhaupt Landschaften malen zu können. Hier entsteht der bei weitem überwiegende Teil der von Klimt geschaffenen Landschaften. Vielfach hat der Meister die am Attersee begonnenen Werke dann noch in seinem Atelier in Wien fertiggestellt.

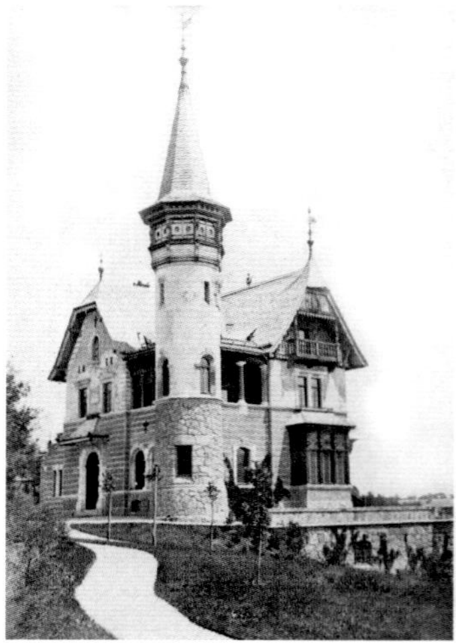

Villa Paulick am Attersee

LITZLBERG AM ATTERSEE (1900–07)

Zwischen 1900 und 1907 wohnen Klimt und die Familie Flöge in einer dem Brauhof Litzlberg angeschlossenen Pension, die unmittelbar am Ufer des Sees liegt. Die Pension liegt auch ganz in der Nähe der Villa Paulick. Diese prachtvolle, im historistischen Stil errichtete Villa bildet das gesellschaftliche Zentrum der Wiener Sommergesellschaft, da die Familie Flöge mit der Familie Paulick verschwägert und auch Klimt mit den Besitzern der Villa gut bekannt ist.

In zahlreichen Bildern hält der Meister den Blick auf den See fest, wobei er häufig einen relativ engen Ausschnitt vom See oder vom Seeufer wählt. Für das Auffinden eines geeigneten Ausschnitts bedient sich Klimt gerne einer kleinen, quadrati-

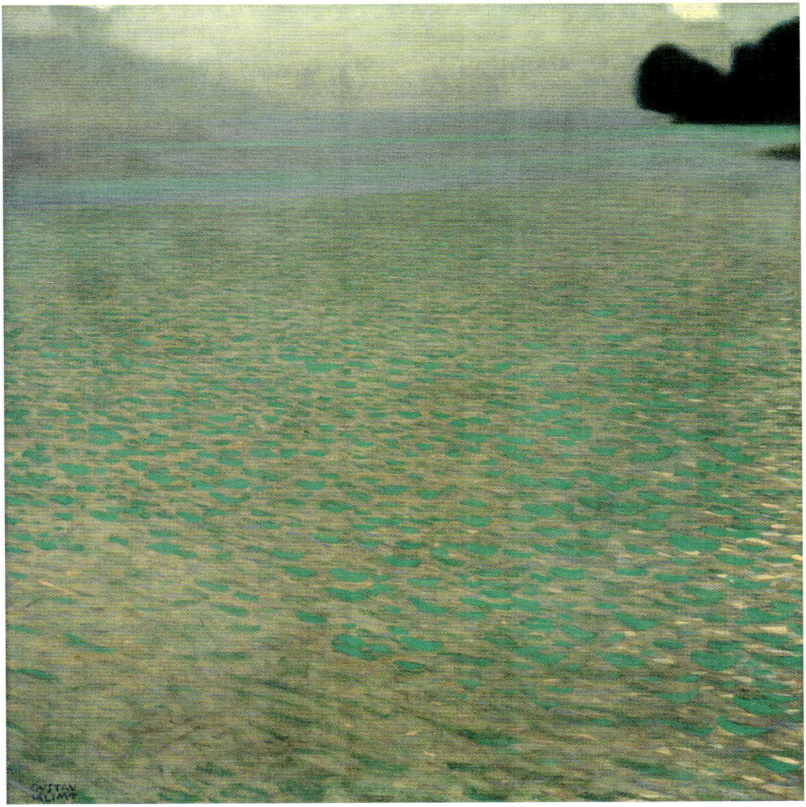

Am Attersee, 1900, Öl auf Leinwand, 80,2 × 80,2 cm

schen, aus Karton angefertigten Rahmenschablone, die er als „Sucher“ bezeichnet. Eines der ersten Werke, das Klimt auf diese Weise schafft, ist das 1900 entstandene Gemälde *Am Attersee*, dessen Bildkomposition nahezu radikal anmutet. Denn das Bild zeigt fast ausschließlich die Wasseroberfläche des Sees, lediglich am oberen Bildrand sind die Konturen einer Insel angedeutet. Der Kunstkritiker Ludwig Hevesi findet für das Bild folgende treffende Worte: „Ein Rahmen voll Seewasser, vom Attersee, nichts als kurze graue und grüne Wellen, die durcheinander gleiten.“ Das auffällige quadratische Format des Bildes soll Klimt auch für alle seine weiteren Landschaftsbilder beibehalten.

Alle während seiner Sommeraufenthalte geschaffenen Bilder malt Klimt im Freien. Wie konsequent er hier selbst bei ungünstigsten Wetterbedingungen ist, darüber berichten Zeitgenossen, die den Meister auch bei strömendem Regen unverdrossen im Freien sitzen und stundenlang an seiner Staffelei arbeiten gesehen haben. Trotz aller Stilisierung und Ästhetisierung erfindet Klimt somit keines seiner Landschaftsmotive, sondern folgt treu dem Naturvorbild. Das hindert ihn aber nicht daran, die Motive in eine stärker abstrahierende Gestaltungsweise zu übersetzen. Dazu bedient er sich einer sehr freien Variante des **Pointillismus***. Diese Maltechnik findet sich bei Klimt ausschließlich in seinen Landschaftsbildern. Vielfach gestaltet Klimt aber das Ausmaß und die Größe der Farbtupfen so uneinheitlich, dass seine Landschaftsbilder eher den Eindruck von kleinteiligen Mosaiken vermitteln, als dass sie zu Beispielen pointillistischer Malerei gezählt werden können.

Zudem zeigt Klimt in seinen Landschaftsbildern nicht selten Motive, die sich nicht mit freiem Auge in der Natur, sondern nur mithilfe des Blicks durch ein Fernrohr finden lassen. Auf solche Weise liefert er nahsichtig wirkende Ansichten des gegenüberliegenden Seeufers, die tatsächlich mehrere Kilometer entfernt liegen. Aufgrund dieser künstlich erlangten Nahsichtigkeit betont Klimt nicht nur die Ausschnitthaftigkeit des Motivs, sondern erzeugt auch einen Mangel an Räumlichkeit in seinen Kompositionen, eine bewusste Flächigkeit, wie sie für viele seiner Landschaftsbilder charakteristisch sind.

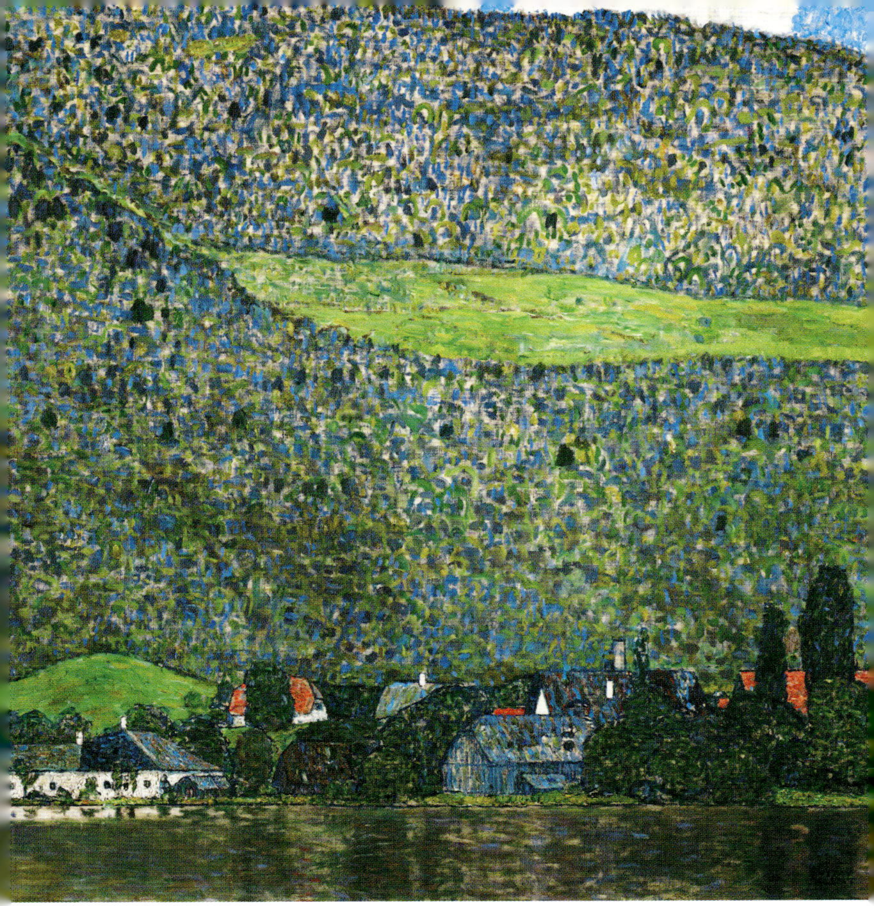

Litzlberg am Attersee, 1914, Öl auf Leinwand, 110 × 110 cm

Ein typisches Beispiel für Klimts flächenhafte Malerei ist die 1914 entstandene Ansicht *Litzlberg am Attersee*. Der bewaldete Hügel, der steil über dem Seeufer aufragt und sich bis zu den Bildrändern hin erstreckt, nimmt die Gestalt von stark konturierten Flächenformen an, innerhalb derer die Bäume als gleichförmiges Muster gestaltet sind. Mit solcher Stilisierung erhalten die Naturformen einen weitgehend ornamentalen, abstrahierenden Charakter.

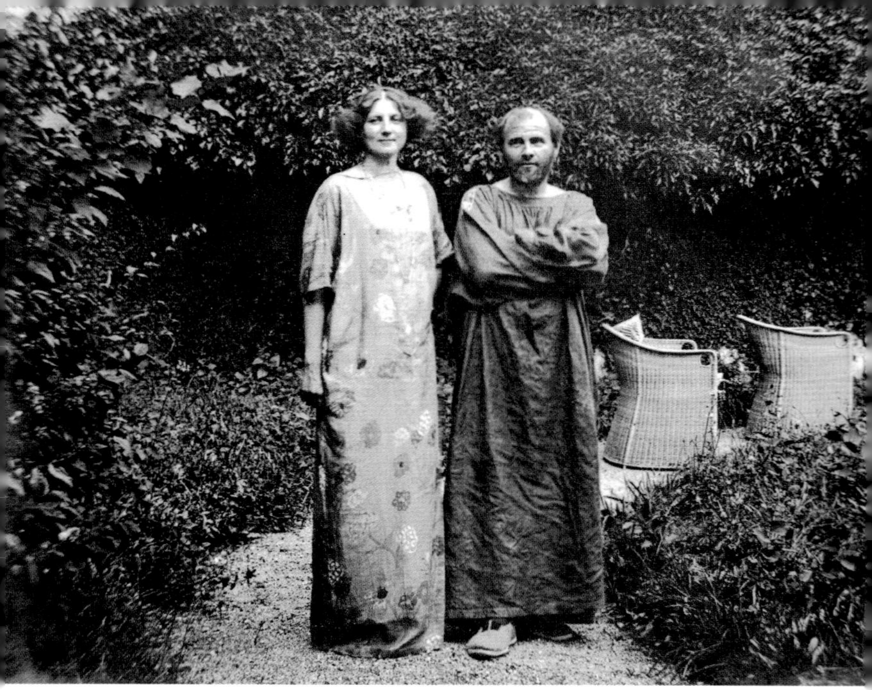

Emilie Flöge und Gustav Klimt im Garten der Villa Oleander, 1910

Wenn ich ein Bild fertig hab', so will ich nicht noch Monate verlieren, es vor der ganzen Menge zu rechtfertigen. Für mich entscheidet nicht, wie vielen es gefällt, sondern wem es gefällt.

Gustav Klimt, 1901

Neben Landschaften und Seemotiven malt Klimt am Attersee gerne auch Ausschnitte von Blumenwiesen oder Blumengärten. Auch hier verzichtet Klimt auf jegliche Illusion von Tiefenräumlichkeit, sodass die Motive auf der Leinwand wie wohlkalkulierte Flächenmuster erscheinen. Dadurch wird die Nähe zu ornamentalen, kunstgewerblichen Arbeiten evident, was bereits Klimts Malerkollegen aufgefallen ist. So überliefert der Wiener Schriftsteller Hermann Bahr, der deutsche Maler Max Liebermann habe festgestellt, dass es sich bei der Wiener Malerei nicht um Bilder, sondern um „gemalte Teppiche" handle.

KAMMER AM ATTERSEE (1908–12) UND WEISSENBACH AM ATTERSEE (1914–16)

Im Sommer 1908 mieten Klimt und die Familie Flöge die Villa Oleander in Kammer bei Schörfling, wo sie bis 1912 jeweils die Sommermonate verbringen. Die Villa am See bietet einen Blick auf Schloss Kammer, das reizvoll auf einer in den See hineinragenden Halbinsel liegt. Insgesamt fünf Ansichten hält Klimt von Schloss Kammer fest, jeweils von unterschiedlichen Standpunkten aus gemalt. Den Sommer 1913 verbringen Klimt und die Flöges großteils am Gardasee in Italien, nur zwei Tage wohnen sie in der Villa Paulick am Attersee. Die Sommer der Jahre 1914 bis 1916 verbringt Klimt schließlich in Weißenbach am Attersee. Er mietet sich in einem Haus im Weißenbachtal ein, während die Familie Flöge in einer Villa direkt in Weißenbach logiert.

Die Klimt-Gruppe und der Bund österreichischer Künstler

Nach dem Zerwürfnis mit der Secession und dem nachfolgenden Austritt Gustav Klimts und 17 weiterer Mitstreiter aus der Künstlervereinigung im Juni 1905 hatten die Rebellen keine Möglichkeit mehr, ihre Werke in der Öffentlichkeit zu präsentieren. Willkommen war daher die sich bietende Gelegenheit, aus Anlass des 60-jährigen Thronjubiläums Kaiser Franz Josephs I. eine umfangreiche Ausstellung in einem provisorisch errichteten Ausstellungsgebäude an der Ringstraße zu veranstalten. Der Architekt Josef Hoffmann plante den weiträumigen Ausstellungskomplex, worin die Klimt-Gruppe von Juni bis November 1908 eine „Monsterschau" mit mehr als 900 Werken zeigte. Den Höhepunkt bildete der Klimt-Saal mit 16 Gemälden des Meisters. Auch zahlreiche weitere Künstlerinnen und Künstler wurden zur Teilnahme eingeladen, darunter der junge Oskar Kokoschka. 1909 organisierte die Klimt-Gruppe im gleichen Gebäudekomplex eine zweite vergleichbare Großausstellung, die *Internationale Kunstschau,* die diesmal auch zahlreiche Arbeiten ausländischer Künstler zeigte, darunter elf

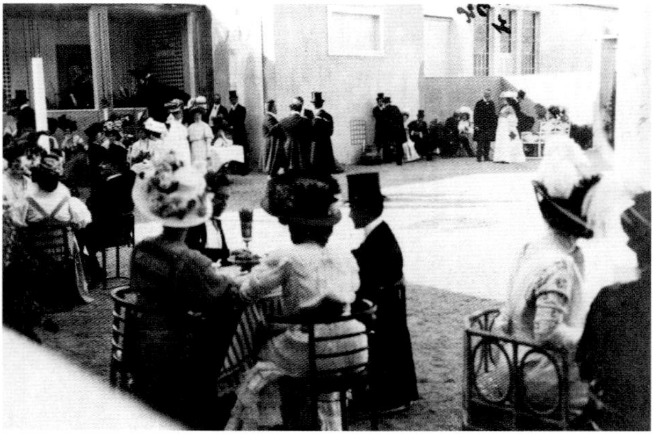

Gesellschaftsempfang anlässlich der Eröffnung der Kunstschau Wien 1908

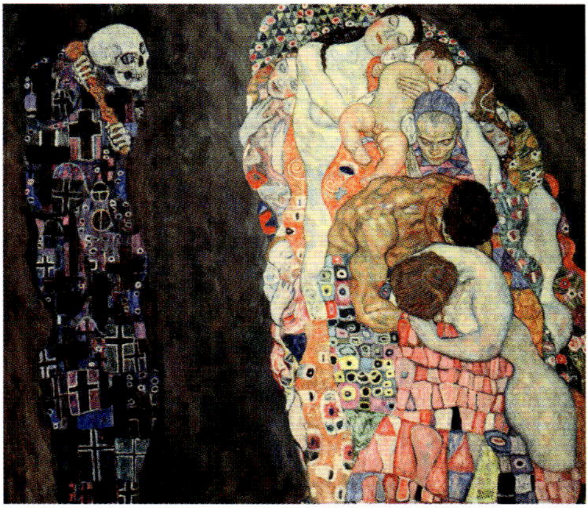

Tod und Leben, 1910/11, überarbeitet 1915, Öl auf Leinwand, 180,8 × 200,6 cm

Gemälde von Vincent van Gogh. Unter den jungen Teilnehmern befand sich auch der erst 19-jährige Egon Schiele.

Die seit 1906 als Verein bestehende Klimt-Gruppe organisierte sich im April 1912 neu und trat ab diesem Zeitpunkt als Bund österreichischer Künstler mit Klimt als Präsidenten auf. Die Mitglieder des Bundes zählten mehrheitlich zu den Vertretern der Stilkunst um 1900. Bereits Ende des Jahres 1912 kam es jedoch zu einer merklichen Verschiebung in der künstlerischen Ausrichtung, als nämlich die Mitglieder der 1909 von Egon Schiele ins Leben gerufenen Neukunstgruppe gleichfalls in den Bund aufgenommen wurden. Die Neukunstgruppe hatte sich als Zentrum des frühen Expressionismus etabliert; ihr gehörten neben Schiele unter anderem auch Anton Faistauer, Anton Kolig, Albert Paris Gütersloh und in loser Verbindung auch Oskar Kokoschka an. Es folgte eine Reihe von Ausstellungen des Bundes österreichischer Künstler, etwa 1913 in Budapest, 1914 in Rom und 1916 in Berlin. In Berlin war Klimt unter anderem mit seiner großformatigen Allegorie *Tod und Leben* vertreten, einem Bild, das er bereits 1911 fertiggestellt hatte, in Berlin aber in einer völlig überarbeiteten Fassung präsentierte.

Das Spätwerk

Mit den tödlichen Schüssen auf das österreichische Thronfolgerpaar im Juli 1914 in Sarajevo wird der Flächenbrand des Ersten Weltkriegs heraufbeschworen. Für viele Künstler, die Anteil an den großen Avantgardebewegungen zu Beginn des Jahrhunderts haben, bedeutet der Krieg eine tiefe Zäsur in ihrem Schaffen, ausgelöst durch die allgemeine Wehrpflicht. Klimt hingegen ist bei Kriegsausbruch bereits 52 Jahre alt und muss nicht befürchten, noch zum Kriegsdienst eingezogen zu werden. Er kann weiterhin seiner Arbeit weitgehend ungestört nachgehen.

Die Jahre nach 1914 fallen zugleich auch mit Klimts später Schaffensphase zusammen. In dieser Zeit kann Klimt bereits auf große Erfolge in seiner künstlerischen Laufbahn zurückblicken. Er ist nicht nur in Österreich, sondern in ganz Europa eine Berühmtheit. Wiederholt stellt er seine Werke auch außerhalb Österreichs aus, große Erfolge erzielt er etwa unter anderem in Berlin und Dresden, auch in Venedig und Rom werden seine Bilder gezeigt und prämiert. Gemälde Klimts werden vor allem von deutschen, italienischen und tschechischen

Ein altmeisterlicher Revolutionär, ein verfeinerter Naturmensch, ein Gemisch von Satyr und Asket, von Weltmensch und Mönch; ein großmütiger Egoist, mächtigen Instinkten und äußerstem Raffinement hingegeben.

Hans Tietze, in einem Nachruf Wiens, 1918

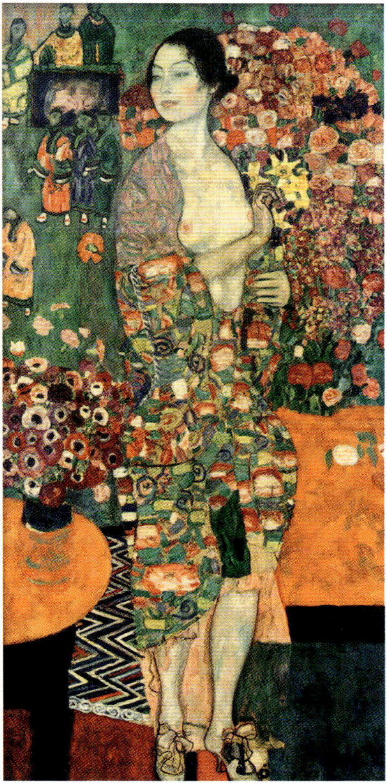

Die Tänzerin, 1916/17,
Öl auf Leinwand, 180 × 90 cm

Museen angekauft; Zeichnungen aus seiner Hand gelangen bereits zu seinen Lebzeiten in viele grafische Sammlungen Deutschlands. Klimts Werk bleibt auch nach 1914 ungebrochen dem Ideal des Jugendstils verpflichtet und steht damit zunehmend im Widerspruch zum Expressionismus, der sich in Österreich und ganz Europa immer stärker als vorherrschender Zeitstil etabliert. Gewisse Einflüsse einer expressiven Malkultur verraten allerdings auch Klimts späte Werke, wie etwa die im Vergleich zu den früheren Arbeiten dynamischere Pinselführung und ein breiterer Farbauftrag zeigen. In dieser späten Phase treten allegorische Themen merkbar in den Hintergrund, während Porträts und Landschaftsdarstellungen eine immer wichtigere Rolle spielen.

PORTRÄTS

Angesichts der dramatischen Zeitumstände und der immer schwieriger werdenden Lebensbedingungen, die die Kriegszeit mit sich bringt, kann Klimts Kunst als Ausdruck eines künstlerischen Eskapismus verstanden werden. Seine luxuriösen, in träumerischer Buntheit schwelgenden Damenporträts müssen auf die Zeitgenossinnen und Zeitgenossen zunehmend anachronistisch gewirkt haben. Dennoch gibt es dafür offensichtlich weiterhin eine große Nachfrage, wie die zahlreichen Porträtaufträge zeigen, die Klimt auch während des Kriegs erhält. Eine der Besonderheiten in Klimts späten Damenbildnissen ist seine Vorliebe für die Anreicherung der Porträts mit üppigen Blumenlandschaften, etwa in Form von Blumenmustern auf den Kleidern oder als überbordende Blumenarrangements und bedruckte textile Wandbehänge in den Bildhintergründen. Ein markantes Beispiel dafür stellt etwa das Bildnis *Die Tänzerin* von 1916/17 dar, bei dem es sich möglicherweise ursprünglich um ein Bildnis Ria Munks gehandelt haben könnte, das Klimt später überarbeitete.

LANDSCHAFTEN

In den Landschaftsdarstellungen beweist Klimt bis zu seinem Lebensende ein erstaunliches Beharrungsvermögen. Das zeigt sich etwa schon daran, dass er das Ritual der jährlichen Sommerurlaube am Attersee auch in den Kriegsjahren beibehält und weiterhin von dort die Motive für seine Landschaften bezieht. Zudem besitzen auch die späten Landschaftsdarstellungen die gleiche Größe und das gleiche Format wie schon die früheren Landschaften. Zumindest aus stilistischer Sicht lässt sich in Klimts späten Landschaftsdarstellungen aber ein gewisser Wandel feststellen. Das Gemälde *Häuser in Unterach am Attersee* etwa, entstanden in den Jahren 1915/16, zeichnet sich durch eine Betonung von deutlich voneinander abgesetzten, streng konturierten Farbflächen aus. Auch eine gewisse Schroffheit in der Komposition ist nun festzustellen. Zweifellos hat sich Klimt in solchen Werken bereits weit von der geschmeidigen Eleganz der Secessionskunst entfernt.

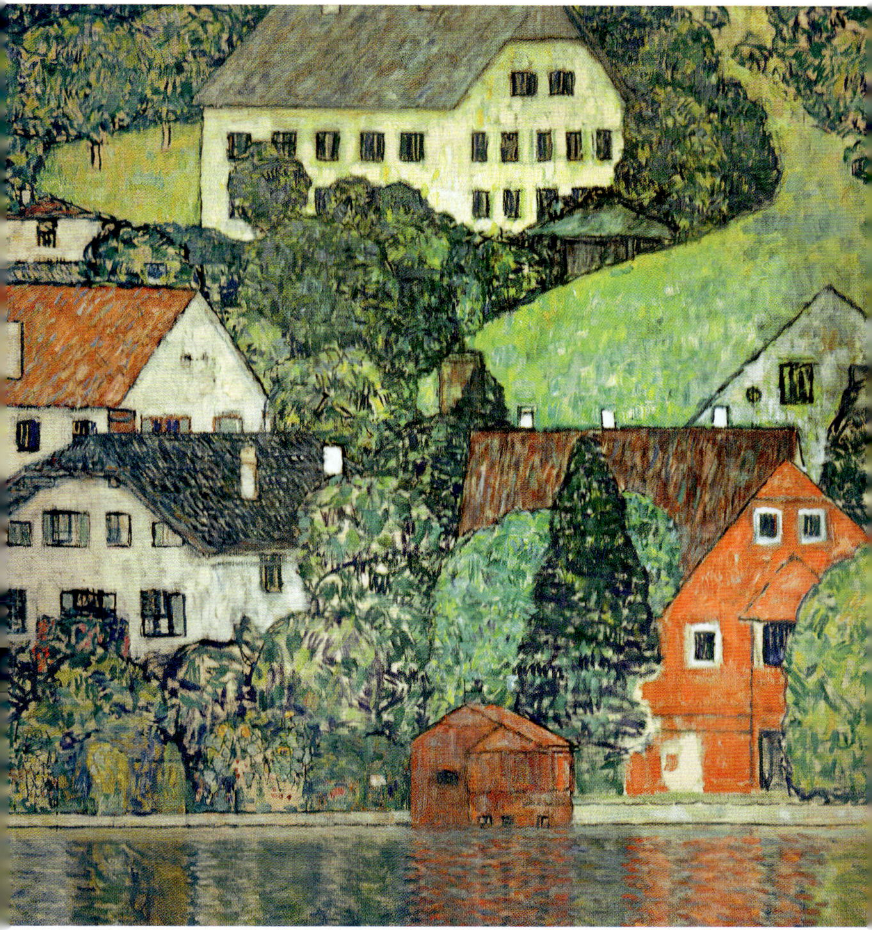

Häuser in Unterach am Attersee, 1915/16, Öl auf Leinwand, 110 × 110 cm

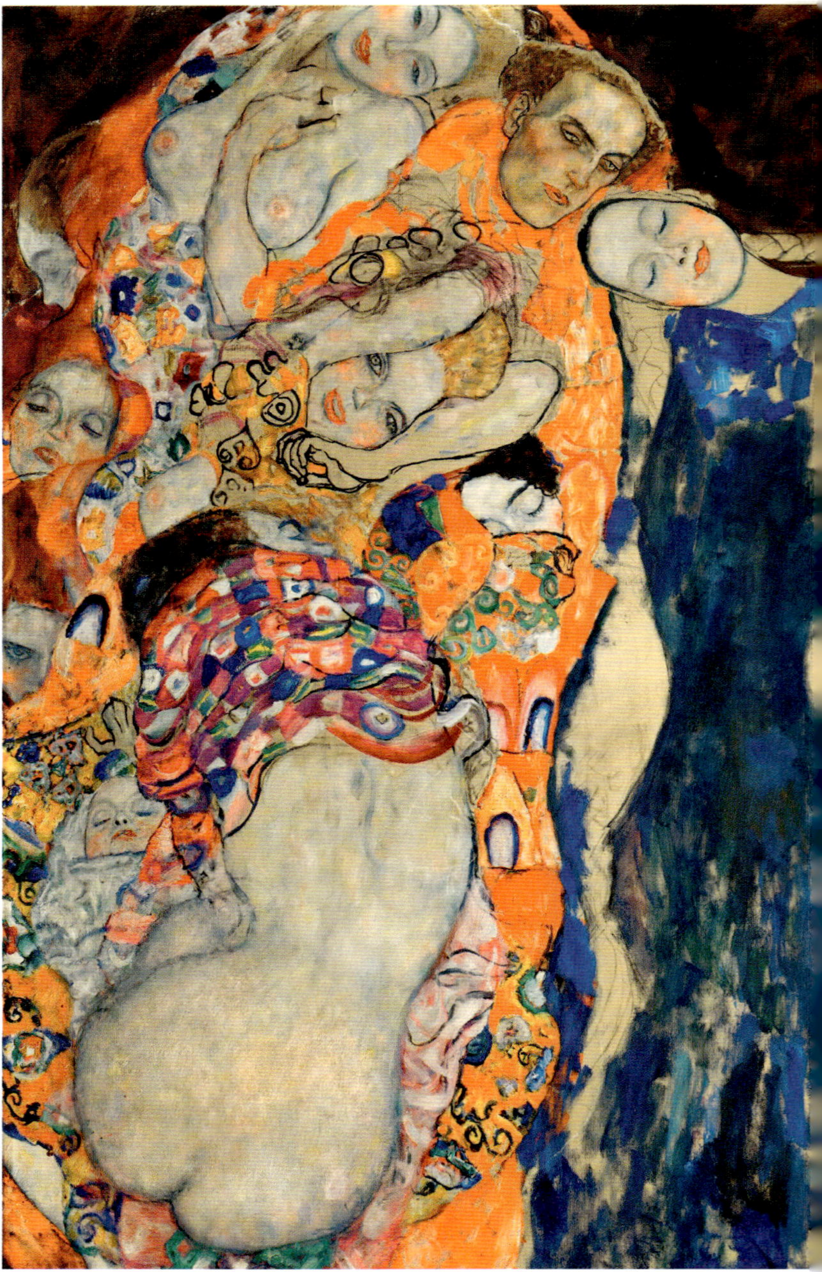

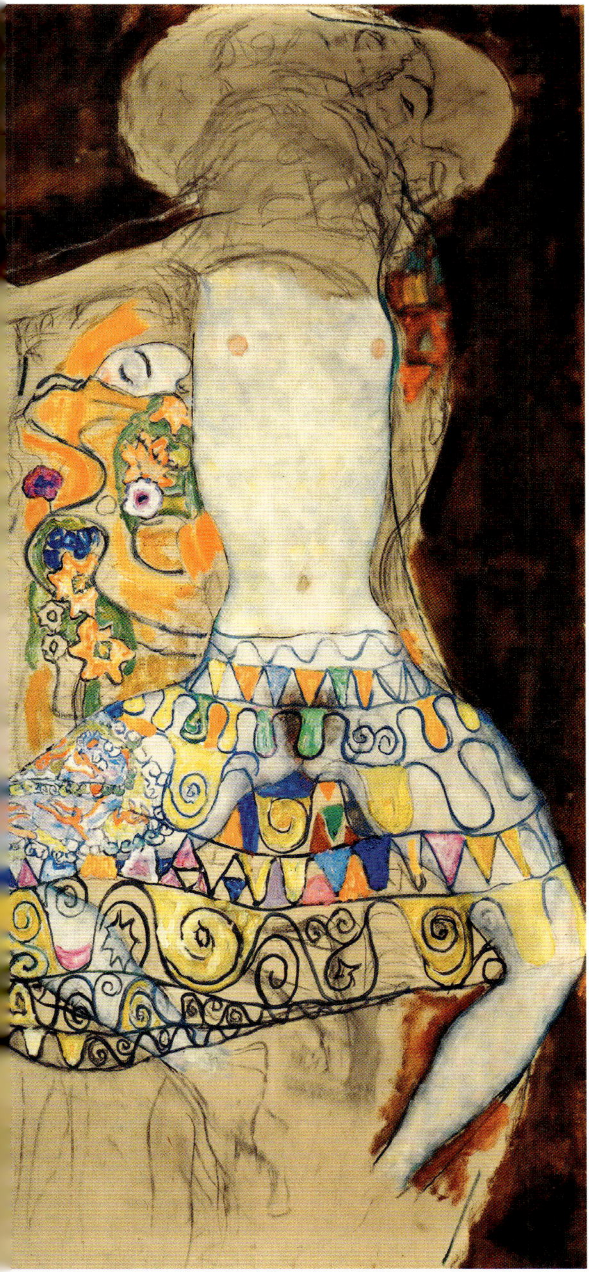

Die Braut, 1917/18, Öl auf Leinwand, 165 × 191 cm

ALLEGORIEN

Auch die allegorischen Kompositionen, denen sich Klimt gelegentlich auch noch in seinen letzten Jahren zuwendet, dokumentieren das Beharrungsvermögen, das der Meister bis zuletzt an den Tag legt. Das großformatige Gemälde *Die Braut*, an dem Klimt seit 1917 arbeitet, ragt wie ein einsamer Monolith aus dem Kunstgeschehen seiner Zeit heraus. Kein anderer Künstler hätte es unternommen, in diesen Jahren des Krieges ein solch verträumtes Bild über die Wünsche einer jungen Frau nach Liebe und Glück zu malen. Ein letztes Mal lässt Klimt in einer vielfigurigen Komposition Motive früherer Werke wieder aufleben und erfreut sich erneut am Spiel des Ver- und Enthüllens, der Camouflage und der Fragmentierung nackter Körperpartien.

KLIMTS UNERWARTETES ENDE

Es ist dem Meister allerdings nicht mehr vergönnt, dieses monumentale Bild zu vollenden. Am 11. Jänner 1918 erleidet Klimt völlig überraschend in der familiären Wohnung in der Wiener Westbahnstraße einen Schlaganfall und wird in ein Sanatorium gebracht. Er lebt, weitgehend gelähmt und apathisch, noch einen weiteren Monat, bevor er am 6. Februar im Allgemeinen Krankenhaus in Wien verstirbt. Er hat zu diesem Zeitpunkt sein 56. Lebensjahr noch nicht vollendet. Klimts Begräbnis auf dem Hietzinger Friedhof wird zu einer letzten großen Ehrung des Künstlers, an der zahlreiche wichtige Vertreter des Kulturlebens Wiens teilnehmen. Sein Erbe, das neben einer größeren Summe an Bargeld auch noch einige unvollendete Werke und vor allem eine große Zahl von Zeichnungen aufweist, wird zwischen seinen Schwestern und Emilie Flöge aufgeteilt.

Wenige Wochen nach Klimts Tod veröffentlicht der Kunsthistoriker und Museumsfachmann Hans Tietze einen Nachruf auf den Künstler, worin er dessen Persönlichkeit mit treffenden Worten folgendermaßen charakterisiert: „Ein altmeisterlicher Revolutionär, ein verfeinerter Naturmensch, ein Gemisch von Satyr und Asket, von Weltmensch und Mönch; ein großmütiger Egoist, mächtigen Instinkten und äußerstem Raffinement hingegeben."

KLIMTS VERMÄCHTNIS

Klimt hat in der Tat mit seinen Kunstwerken der Nachwelt einen wahren Schatz hinterlassen. Pretiosenhaft wirkt sein Œuvre nicht nur aufgrund seiner unvergleichlichen Arbeitstechnik, sondern auch infolge der vergleichsweise geringen Anzahl seiner Arbeiten, wodurch jedes seiner Werke als besonders kostbar erscheint. Gemessen an der Anzahl der Schaffensjahre, die Klimt gegönnt waren, und angesichts des immensen Fleißes, den der Künstler Zeit seines Lebens aufgebracht hat, ist sein malerisches Werk tatsächlich erstaunlich schmal. Das Verzeichnis sämtlicher seiner Gemälde umfasst rund 250 Einzelnummern, worin auch die ganz frühen Werke und jene Arbeiten enthalten sind, die für die Ausschmückung von öffentlichen Gebäuden ausgeführt worden sind. Die Zahl jener Gemälde, auf denen der Ruhm Klimts als Meister des Jugendstils und des Symbolismus beruht, umfasst nicht viel mehr als circa 160 Werke, wobei einige der bedeutendsten davon überdies in den Wirrnissen des Zweiten Weltkriegs vernichtet worden sind. Dem knappen malerischen Werk steht glücklicherweise ein wesentlich umfangreicheres zeichnerisches Œuvre gegenüber, von dem sich heute wohl 5000 Blätter erhalten haben.

Das Gold, als höchste koloristische Würze, nur erst so paillettenweise („Flinserl" sagt man in Wien) aufgestreut. Er war nicht der einzige in jener Zeit, dem solch zerstiebender Spuk Freude machte. Whistler hat ähnlich das Feuerwerk in Cremorne Gardens gemalt. Das war damals. Ludwig Hevesi, 1909

Gemeinsam mit den Monumentalaufträgen des Beethovenfrieses und des Stocletfrieses bildet Klimts malerisches und zeichnerisches Werk eine Kostbarkeit, dessen Bewahrung für uns Nachgeborene zu einer großen Aufgabe geworden ist. Längst ist Klimts Werk ins Bewusstsein eines universellen, weltumspannenden Kunsterbes gerückt. Dies deuten bereits die Worte des wortgewaltigen Schriftstellers und Klimt-Apologeten Ludwig Hevesi an, wenn er unter dem Eindruck der atemberaubenden Präsentation von Klimts Werken auf der Kunstschau von 1908 prophezeit: „In diesem Klimt-Saale regt sich von alledem etwas, und von vielem anderen noch ... Früher sagte die Menge darauf: ‚verrückt'. Jetzt sagt sie nur noch: ‚verruckt'. Das ist ein großer Fortschritt. Die wienerische Nuance, die hinzugekommen, ist schon ein Gemütston, die Leute fangen längst an, ihr Herz für Klimt zu entdecken. Wie lange noch und er wird ‚unser Klimt' sein."

Gustav Klimt mit Emilie und Hermine Flöge auf einem Bootssteg in Litzlberg am Attersee, Sommer 1906

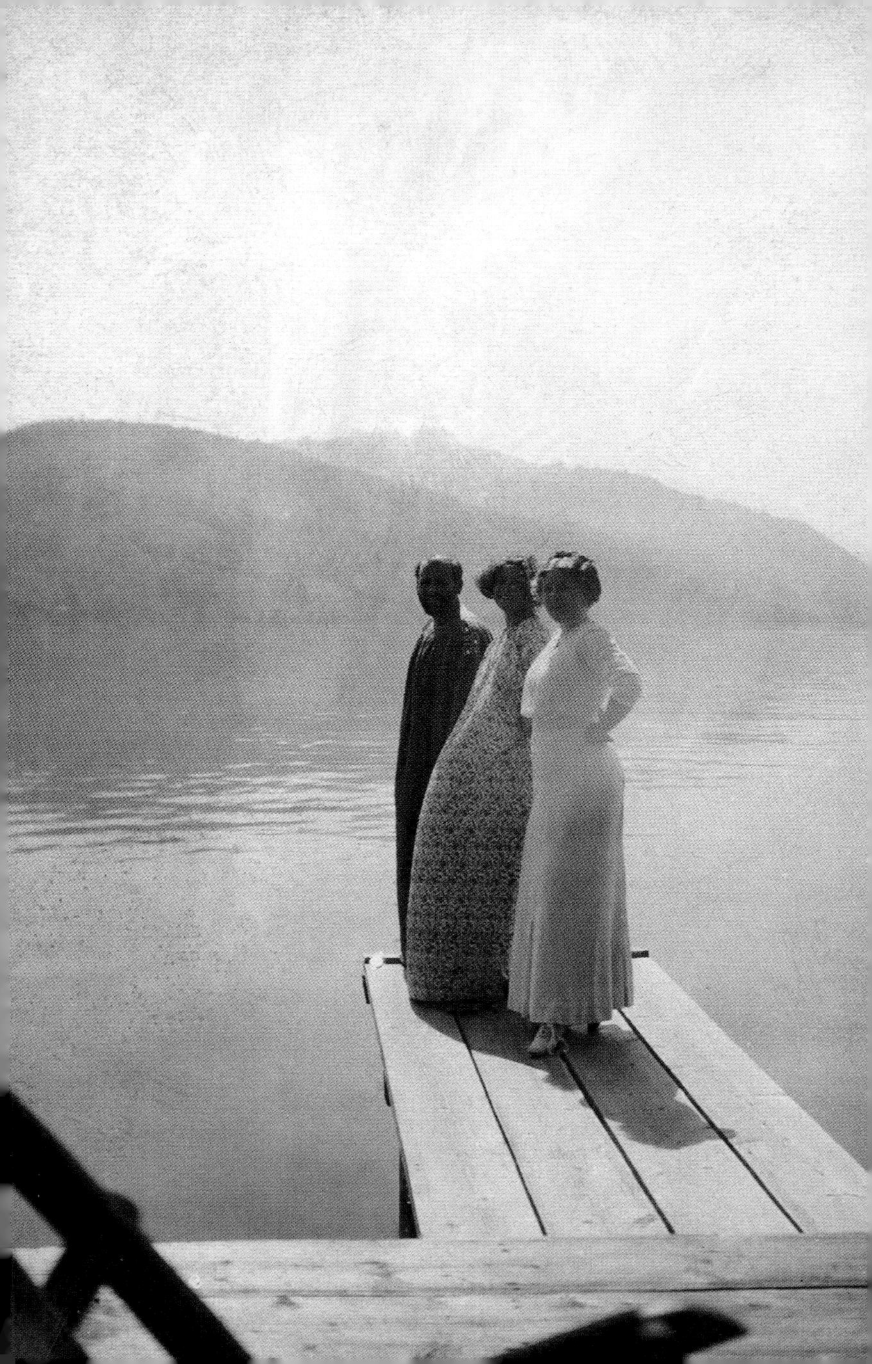

* **SYMBOLISMUS** *Stilrichtung in der europäischen und amerikanischen Malerei zwischen 1880 und 1910. Hat sich vor allem in Frankreich und Belgien entwickelt, bevorzugt auch in Deutschland, Italien, Schweiz und in den skandinavischen Ländern. Zentrales Anliegen ist die Visualisierung des Seelenlebens und die Auseinandersetzung mit menschlichen Gefühlen und Leidenschaften wie Freude, Trauer, Angst, Liebe und Erotik. Häufig wird in den Darstellungen auf ein durch Mythen und Dichtungen vorformuliertes Vokabular zurückgegriffen.*

---

* **JUGENDSTIL** *Stilrichtung, die in Europa und den USA um 1900 tonangebend war, vor allem im Bereich der bildenden Kunst, der angewandten Kunst sowie der Architektur. Die Vertreter des Jugendstils kritisierten Akademismus und Historismus und strebten eine neue gesamtkulturelle Lebens- und Umweltgestaltung an. Auffällig ist eine starke Neigung zu geschwungenen Formen und floralen Elementen, die vor allem das Kunstgewerbe, aber auch Malerei und Skulptur beeinflussen. Künstlerische Zentren des Jugendstils sind Paris, Nancy, Brüssel, Barcelona, Budapest, Helsinki, München, Darmstadt, Wien und Glasgow; in letzteren beiden Städten sind allerdings geometrisch-orthogonale Formen vorherrschend.*

---

* **POINTILLISMUS** *Stilrichtung, die in den frühen 1880er-Jahren in Frankreich von Georges Seurat entwickelt wurde. Weitere wichtige Vertreter sind in Frankreich Paul Signac und Henry Edmond Cross; in Belgien schließen sich Künstler wie Théo van Rysselberghe oder Henry van de Velde dieser Richtung an, in Italien entwickeln Maler wie Giovanni Segantini eine eigene Variante. Charakteristisch für den Pointillismus ist die spezielle Maltechnik, bei der die Farben ausschließlich in Form kleiner*

Punkte auf die Bildfläche aufgetragen werden, unter anderem mit dem Ziel, durch bestimmte Farbkontraste besondere visuelle Effekte herbeizuführen.

---

* **BLATTGOLD** *Hauchdünne Folien aus hochkarätigem Gold, die in einer Größe von etwa zehn mal zehn Zentimeter auf einen mit einer Lösung präparierten Grund aufgebracht und anschließend nachpoliert werden. Vergoldung kann somit immer nur durch die Aneinanderreihung einer Vielzahl einzelner Blattgoldfolien erzielt werden.*

---

* **WIENER WERKSTÄTTE** *Wurde in Wien 1903 als Designstudio vom Designer und Maler Koloman Moser, dem Architekten Josef Hoffmann und dem Unternehmer Fritz Waerndorfer gegründet. Die Palette der Erzeugnisse reichte von Silberwaren und Schmuck über Glas- und Metallgefäße bis zu Möbeln und ganzen Wohnungseinrichtungen. Auch eine Abteilung für Stoff- und Modeentwürfe war angeschlossen. Vor allem mit ihren geometrisch-puristischen Entwürfen der Jahre zwischen 1903 und 1908 hat die Wiener Werkstätte bedeutenden Anteil an der Entwicklung des modernen Designs. 1932 wurde das Unternehmen, das zeitweise auch Verkaufsstellen in Zürich, Berlin und New York betrieb, geschlossen.*

Literatur

Nebehay, Christian M.: *Gustav Klimt. Dokumentation,* Wien 1969

Gustav Klimt – Landschaften, hrsg. von Stephan Koja (Ausst.-Kat. Österreichische Galerie Belvedere, Wien), München/Berlin/London/New York 2002

Gustav Klimt. The Ronald S. Lauder and Serge Sabarsky Collection, hrsg. von Renée Price (Ausst.-Kat. Neue Galerie. Museum für German and Austrian Art, New York), München/Berlin/London/New York 2007

Gustav Klimt. Mit kommentiertem Gesamtverzeichnis des malerischen Werkes, hrsg. von Alfred Weidinger, München/Berlin/London/New York 2007

Bisanz-Prakken, Marian: *Gustav Klimt. Die Zeichnungen* (Ausst.-Kat. Albertina, Wien), München 2012

Gustav Klimt. Sämtliche Gemälde, hrsg. von Tobias G. Natter, Köln 2012

Klimt persönlich. Bilder – Briefe – Einblicke, hrsg. von Tobias G. Natter, Franz Smola, Peter Weinhäupl (Ausst.-Kat. Leopold Museum, Wien), Wien 2012

Gustav Klimt. Die Sammlung im Leopold Museum, hrsg. von Tobias G. Natter, Elisabeth Leopold, Ostfildern 2012

Klimt. Die Sammlung des Wien Museums, hrsg. von Ursula Storch, Museum Wien (Ausst.-Kat. Wien Museum), Ostfildern 2012

Gustav Klimt. Sommerfrische am Attersee 1900–1916, hrsg. von Sandra Tretter, Peter Weinhäupl, Wien 2012

Zitatnachweis

S. 4: Alfred Lichtwark, *Reisebriefe*, 22. Mai 1905, Berlin 1924

S. 10: Hans Tietze, „Wiens Heiliger Frühling war Klimts Werk. Ein Nachruf", in: *Kunstchronik*, 19. Jg. (1917/18), Nr. 21 vom 1. März 1918, Leipzig 1918

S. 15: Gustav Klimt im Gespräch mit Berta Zuckerkandl, in: *Wiener Allgemeine Zeitung*, 12. April 1905

S. 21: Hermann Ubell, „Klinger's Beethoven in der Wiener Secession", in: *Die Gegenwart* (1902)

S. 27: Ludwig Hevesi, „Musivisch / Er wird ‚unser' Klimt sein", in: *Altkunst – Neukunst*, Wien 1909

S. 33: Ludwig Hevesi, „Das verruchte Ornament", in: *Acht Jahre Secession*, Wien 1906

S. 39: Gustav Klimt, nach einem nicht datierten Typoskript, aufbewahrt in der Wienbibliothek im Rathaus, Wien

S. 42: Richard Muther zu Gustav Klimts *Die Hoffnung II*, in: *Die Zeit*, Wien, 5. Mai 1909

S. 49: Hans Tietze, „Gustav Klimts Persönlichkeit. Nach Mitteilungen seiner Freunde", in: *Die Bildenden Künste*. Wiener Monatshefte, Wien, Jg. 2 (1919), Beilage

S. 65: Franz Servaes, „Klimt-Ausstellung. (Sezession)", in: *Neue Freie Presse*. Abendblatt, Wien, 23. November 1903

S. 82: Hans Tietze, „Wiens Heiliger Frühling war Klimts Werk. Ein Nachruf", in: *Kunstchronik*,19. Jg. (1917/18)

Eigentümer der abgebildeten Werke

Vorsatz, S. 33, 72, 75: Leopold Museum, Wien

S. 14: Belvedere, Wien, Dauerleihgabe aus Privatbesitz

S. 16, 18, 31, 35, 45, 66, 68: Belvedere, Wien

S. 22, 23, 24/25: Secession, Wien, Leihgabe des Belvedere

S. 33: Ca' Pessaro Galleria Internazionale d'Arte Moderna, Musei Civici Veneziani, Venedig

S. 34, 36, 37: Privatbesitz

S. 38: Národní Galerie, Prag

S. 41: Wien Museum

S. 44: New York, Neue Galerie

S. 47: Galleria Nazionale d'Arte Moderna e Contemporanea, Rom

S. 48: The Museum of Modern Art, New York

S. 52: Museum of Art, Mizne-Blumental Collection, Tel Aviv

S. 57: Theatermuseum Wien

S. 60 beide: MAK, Wien

S. 67: Bayerische Staatsgemäldesammlungen – Neue Pinakothek, München

S. 70: Privatbesitz (derzeit Leihgabe in der Neuen Galerie, New York)

S. 71, 77, 85: Privatbesitz

S. 83: Privatbesitz, New York (courtesy Neue Galerie, New York)

S. 86/87: Belvedere, Wien, Leihgabe der Gustav Klimt | Wien 1900-Privatstiftung

Konzeption der kleinen Reihe
Martina Padberg

Verlagslektorat
Petra Leineweber

Verlagsredaktion
Rosa Baumgartner

Satz und Gestaltung
Christian Padberg

Gesamtherstellung
Wienand Verlag

Printed in Germany

Erschienen im
Wienand Verlag
www.wienand-verlag.de
Weyertal 59, 50937 Köln

ISBN 978-3-86832-387-0

Umschlagabbildungen
Einband: Gustav Klimt, *Wasserschlangen II*, 1904, umgearbeitet 1906/07 (Detail); Vorsatz: *Tod und Leben*, 1910/11, überarbeitet 1915; Hinterer Vorsatz: *Danae*, 1907/08

Bibliografische Information der Deutschen Nationalbibliothek

Die Deutsche Nationalbibliothek verzeichnet diese Publikation in der Deutschen Nationalbibliografie; detaillierte bibliografische Daten sind im Internet über http://dnb.de abrufbar.

Foto- und Bildnachweis
akg-images: S. 5, 28, 29, 41; akg-images / Cameraphoto: S. 47; akg-images / De Agostini Picture Library: S. 46, 60 rechts; akg-images / Erich Lessing: S. 13, 36, 37, 38, 44, 52, 57, 60 links, 70, 71, 75, 77, 81, 83, 85; akg-images / Imagno: S. 43, 78, 90; akg-images / Imagno / Austrian Archives: S. 74; akg-images / Imagno / Emma Teschner: S. 80; akg-images / Imagno / Gustav Klimt: S. 62, 73; akg-images / Imagno / Josef Anton Trčka: S. 9; akg-images / Imagno / Josef Hoffmann: S. 59; akg-images / IMAGNO/ Leopold Museum Vienna: S. 72; akg-images / IMAGNO/ÖNB: S. 50 oben; akg-images / Imagno / Sammlung Hubmann, Photographie: d'Ora: S. 40; bpk / Bayerische Staatsgemäldesammlungen: S. 67; © Fine Art Images – ARTOTHEK: S. 48; Heritage Images / Fine Art Images / akg-images: S. 33, 34, 86/87; Inv.-Nr. AKB_KD-8-S-1-1 ©Bildarchiv des Belvedere, Wien: S. 55; Inv.-Nr. Lg1538 ©Belvedere, Wien, Foto: Johannes Stoll: 14; Inv.-Nr. 912 ©Belvedere, Wien, Foto: Lea Titz & Markus Guschelbauer: S. 45; Inv.-Nr. 3379 ©Belvedere, Wien: S. 68; Inv.-Nr. 4403 ©Belvedere, Wien, Foto: Johannes Stoll: S. 66; Inv.-Nr. 4737 ©Belvedere, Wien, Foto: Johannes Stoll: S. 31; Inv.-Nr. 5077 ©Belvedere, Wien: S. 35; Inv.-Nr. 5987/3 ©Belvedere, Wien: S. 22; Inv.-Nr. 5987/5 ©Belvedere, Wien: S. 23; ; Inv.-Nr. 5987/7 ©Belvedere, Wien: S. 24/25; Inv.-Nr. 11350 ©Belvedere, Wien, Foto: Johannes Stoll: S. 18; Inv.-Nr. 11351 ©Belvedere, Wien, Foto: Johannes Stoll: S. 16; Klimt Villa, 2018: S. 52; ÖNB: S. 7, 50 unten; ÖNB / Nähr: S. 51

Wienand-Publikationen werden weltweit in führenden Buchhandlungen und Museumsshops angeboten (Vertrieb in Europa, Asien, Nord- und Südamerika).

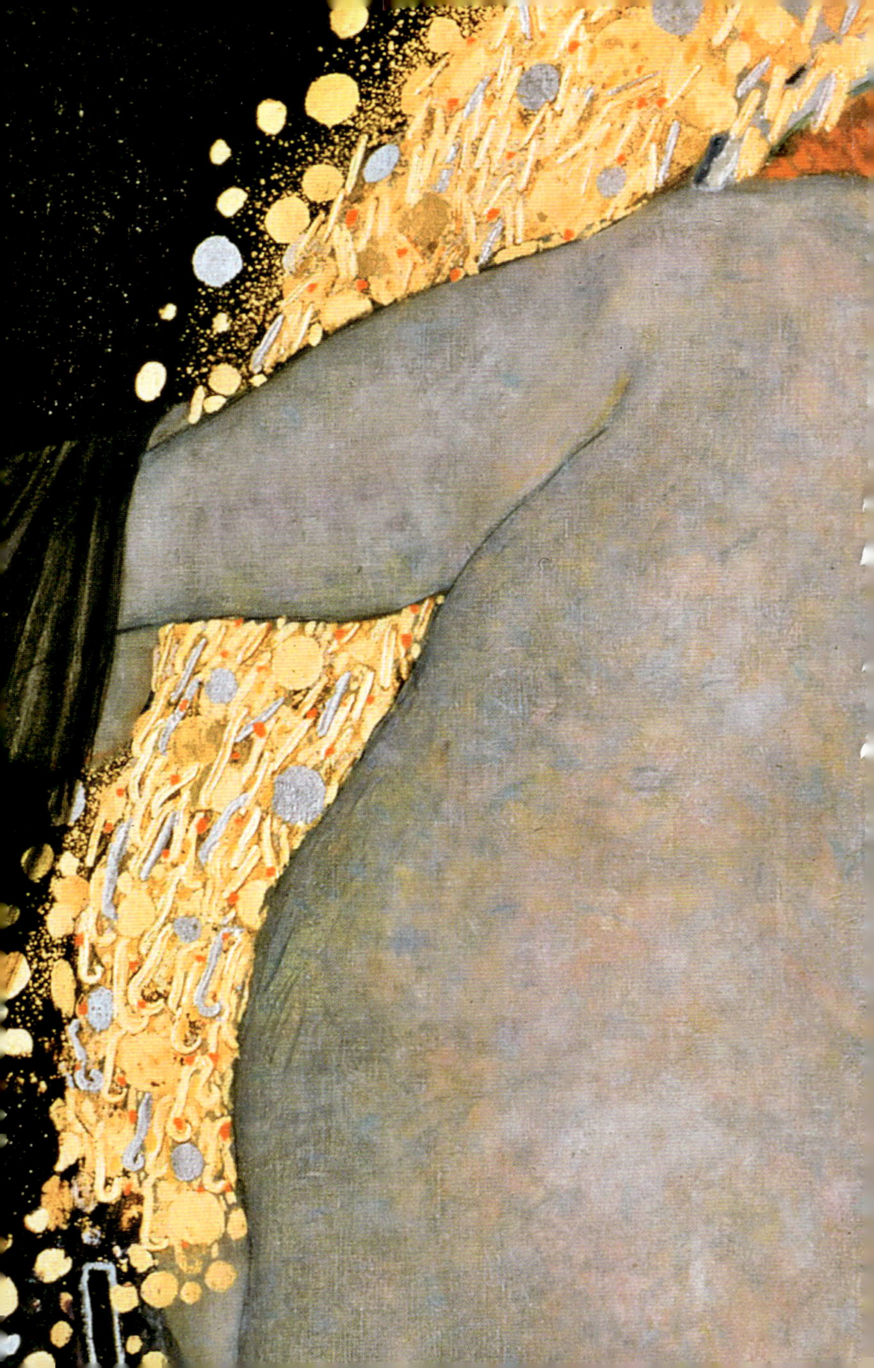

WIENAND[S]
KLEINE REIHE
DER KÜNSTLER-
BIOGRAFIEN

96 Seiten
12,95 €

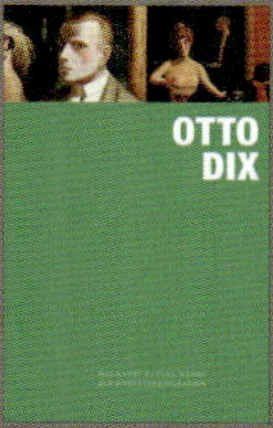

978-3-86832-571-3

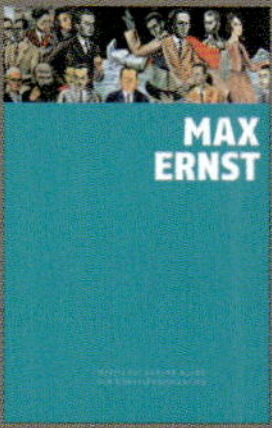

978-3-86832-539-3

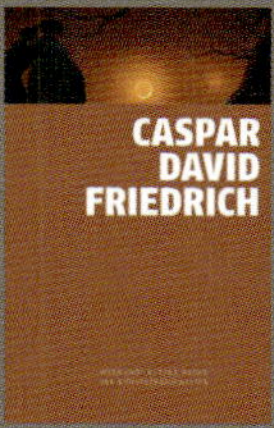

978-3-86832-792-2

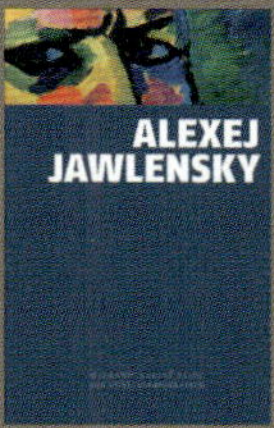

978-3-86832-286-6

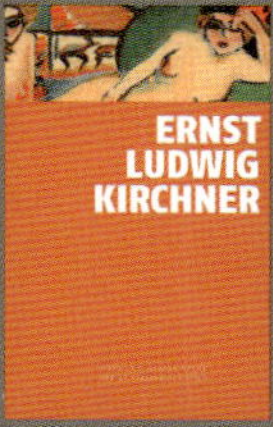

978-3-86832-389-4

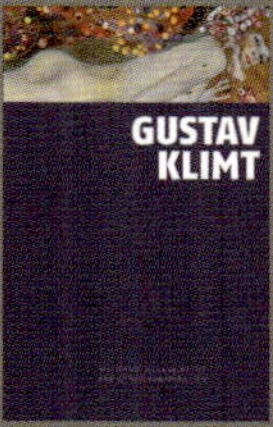

978-3-86832-387-0

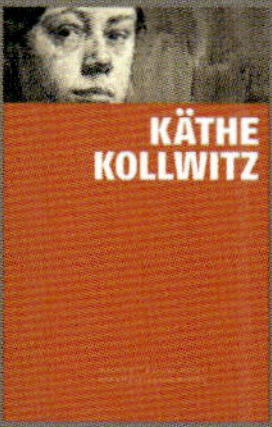

978-3-86832-285-9

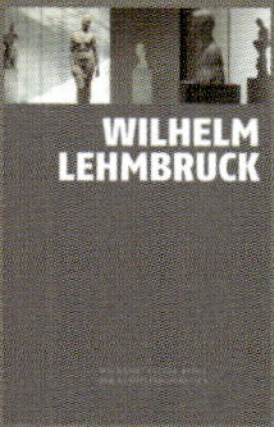

978-3-86832-388-7

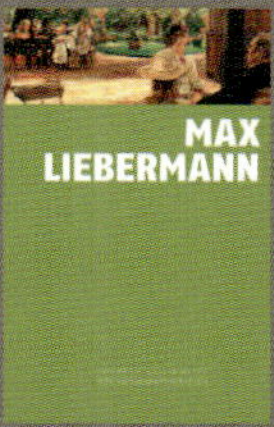

978-3-86832-373-3

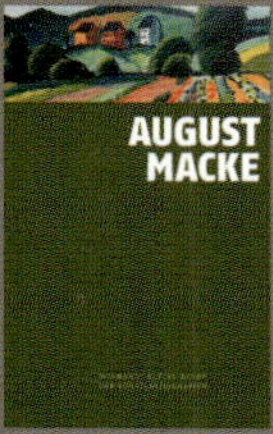

978-3-86832-208-8

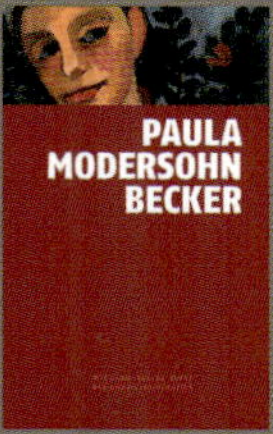

978-3-86832-210-1

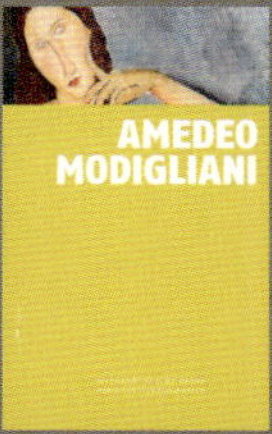

978-3-86832-574-4

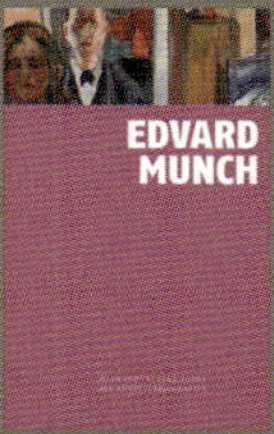

978-3-86832-598-0

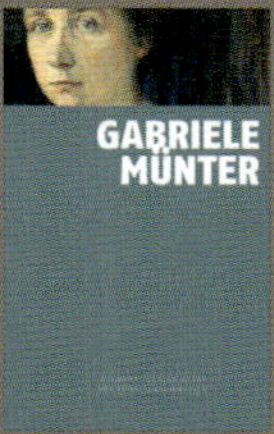

978-3-86832-372-6

978-3-86832-572-0

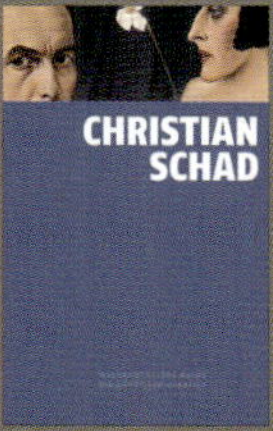

978-3-86832-573-7

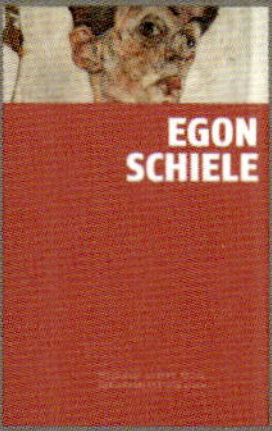

978-3-86832-374-0

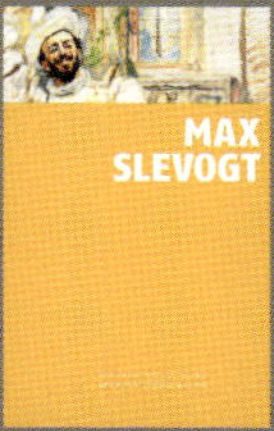

978-3-86832-442-6

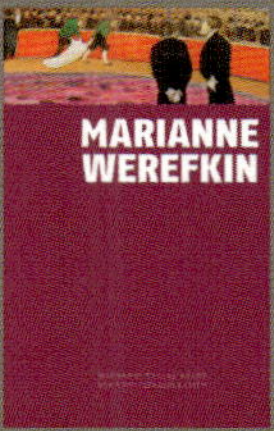

978-3-86832-540-9